Immanuel Kant

Die Metaphysik der Sitten

Metaphysische Anfangsgründe der Rechtslehre

Immanuel Kant

Die Metaphysik der Sitten
Metaphysische Anfangsgründe der Rechtslehre

ISBN/EAN: 9783744700405

Hergestellt in Europa, USA, Kanada, Australien, Japan

Cover: Foto ©Suzi / pixelio.de

Weitere Bücher finden Sie auf **www.hansebooks.com**

Die
Metaphysik der Sitten.

Abgefaßt
von
Immanuel Kant.

Erster Theil,
metaphysische Anfangsgründe
der
Rechtslehre.

Zweyte mit einem Anhange erläuternder Bemerkungen
und Zusätze vermehrte Auflage.

Königsberg,
bey Friedrich Nicolovius.
1798.

Metaphysische Anfangsgründe

der

Rechtslehre

von

Immanuel Kant.

Zweyte mit einem Anhange erläuternder Bemerkungen
und Zusätze vermehrte Auflage.

Königsberg,
bey Friedrich Nicolovius.
1798.

Vorrede
der ersten Ausgabe.

Auf die Critik der practischen Vernunft sollte das System, die Metaphysik der Sitten, folgen, welches in metaphysische Anfangsgründe der Rechtslehre und in eben solche für die Tugendlehre zerfällt (als ein Gegenstück der schon gelieferten metaphysischen Anfangsgründe der Naturwissenschaft), wozu die hier folgende Einleitung die Form des Systems in beyden vorstellig und zum Theil anschaulich macht.

Die Rechtslehre, als der erste Theil der Sittenlehre, ist nun das, wovon ein aus der Vernunft hervorgehendes System verlangt wird, welches man die Metaphysik des Rechts nennen könnte. Da aber der Begrif des Rechts, als ein reiner jedoch auf die Praxis (Anwendung auf in der Erfahrung vorkommende Fälle) gestellter Begrif ist, mithin ein metaphysisches System desselben in seiner Eintheilung auch auf die empirische Mannigfaltigkeit jener Fälle Rücksicht nehmen müßte, um die Eintheilung vollständig zu machen (welches zur Errichtung eines Systems der Vernunft eine unerläßliche Forderung ist),

ist), Vollständigkeit der Eintheilung des Empirischen aber unmöglich ist, und, wo sie versucht wird (wenigstens um ihr nahe zu kommen), solche Begriffe, nicht als integrirende Theile in das System, sondern nur, als Beyspiele, in die Anmerkungen kommen können: so wird der für den ersten Theil der Metaphysik der Sitten allein schickliche Ausdruck seyn, metaphysische Anfangsgründe der Rechtslehre; weil, in Rücksicht auf jene Fälle der Anwendung, nur Annäherung zum System, nicht dieses selbst erwartet werden kann. Es wird daher hiemit, so wie mit den (früheren) metaphysischen Anfangsgründen der Naturwissenschaft, auch hier gehalten werden: nämlich das Recht, was zum a priori entworfenen System gehört, in den Text, die Rechte aber, welche auf besondere Erfahrungsfälle bezogen werden, in zum Theil weitläufige Anmerkungen zu bringen; weil sonst das, was hier Metaphysik ist, von dem, was empirische Rechtspraxis ist, nicht wohl unterschieden werden könnte.

Ich kann dem so oft gemachten Vorwurf der Dunkelheit, ja wohl einer geflissenen, den Schein tiefer Einsicht affectirenden, Undeutlichkeit im philosophischen Vortrage nicht besser zuvorkommen, oder abhelfen, als daß ich, was Herr Garve, ein Philosoph in der ächten Bedeutung des Worts, jedem, vornemlich dem philosophirenden Schriftsteller zur Pflicht macht, bereitwillig annehme, und meinerseits diesen An-

Vorrede.

Anspruch bloß auf die Bedingung einschränke, ihm nur so weit Folge zu leisten, als es die Natur der Wissenschaft erlaubt, die zu berichtigen und zu erweitern ist.

Der weise Mann fordert (in seinem Werk, Vermischte Aufsäze betitelt, S. 352 u. f.) mit Recht, eine jede philosophische Lehre müsse, wenn der Lehrer nicht selbst in den Verdacht der Dunkelheit seiner Begriffe kommen soll — zur Popularität (einer zur allgemeinen Mittheilung hinreichenden Versinnlichung) gebracht werden können. Ich räume das gern ein, nur mit Ausnahme des Systems einer Critik des Vernunftvermögens selbst und alles dessen, was nur durch dieser ihre Bestimmung beurkundet werden kann; weil es zur Unterscheidung des Sinnlichen in unserem Erkenntniß vom Uebersinnlichen, dennoch aber der Vernunft zustehenden, gehört. Dieses kann nie populär werden, so wie überhaupt keine formelle Metaphysik; obgleich ihre Resultate für die gesunde Vernunft (eines Metaphysikers, ohne es zu wissen) ganz einleuchtend gemacht werden können. Hier ist an keine Popularität (Volksprache) zu denken, sondern es muß auf scholastische Pünktlichkeit, wenn sie auch Peinlichkeit gescholten würde, gedrungen werden (denn es ist Schulsprache); weil dadurch allein die voreilige Vernunft dahin gebracht werden kann, vor ihren dogmatischen Behauptungen sich erst selbst zu verstehen.

Wenn

Wenn aber Pedanten sich anmaßen, zum Publikum (auf Canzeln und in Volksschriften) mit Kunstwörtern zu reden, die ganz für die Schule geeignet sind, so kann das so wenig dem critischen Philosophen zur Last fallen, als dem Grammatiker der Unverstand des Wortklaubers (logodaedalus). Das Belachen kann hier nur den Mann, aber nicht die Wissenschaft treffen.

Es klingt arrogant, selbstsüchtig, und für die, welche ihrem alten System noch nicht entsagt haben, verkleinerlich, zu behaupten: „daß vor dem Entstehen der critischen Philosophie es noch gar keine gegeben habe." — Um nun über diese scheinbare Anmaßung absprechen zu können, kommt es auf die Frage an: ob es wohl mehr als eine Philosophie geben könne? Verschiedene Arten zu philosophiren, und zu den ersten Vernunftprincipien zurückzugehen, um darauf, mit mehr oder weniger Glück, ein System zu gründen, hat es nicht allein gegeben, sondern es mußte viele Versuche dieser Art, deren jeder auch um die gegenwärtige ein Verdienst hat, geben; aber, da es doch, objectiv betrachtet, nur Eine menschliche Vernunft geben kann: so kann es auch nicht viel Philosophien geben, d. i. es ist nur ein wahres System derselben aus Principien möglich, so mannigfaltig und oft widerstreitend man auch über einen und denselben Satz philosophirt haben mag. So sagt der Moralist mit Recht: es giebt nur Eine Tugend und Lehre dersel-

derselben, d. i. ein einziges System, das alle Tugendpflichten durch ein Princip verbindet; der Chymist: es giebt nur Eine Chemie (die nach Lavoisier); der Arzneylehrer: es giebt nur ein Princip zum System der Krankheitseintheilung (nach Brown), ohne doch darum, weil das neue System alle andere ausschließt, das Verdienst der älteren (Moralisten, Chemiker und Arzneylehrer) zu schmälern; weil ohne dieser ihre Entdeckungen, oder auch mißlungene Versuche, wir zu jener Einheit des wahren Princips der ganzen Philosophie in einem System nicht gelanget wären. — Wenn also jemand ein System der Philosophie als sein eigenes Fabrikat ankündigt, so ist es eben so viel, als ob er sage: „vor dieser Philosophie sey gar keine andere noch gewesen." Denn wollte er einräumen, es wäre eine andere (und wahre) gewesen, so würde es über dieselben Gegenstände zweyerley wahre Philosophien gegeben haben, welches sich widerspricht. — Wenn also die critische Philosophie sich als eine solche ankündigt, vor der es überall noch gar keine Philosophie gegeben habe, so thut sie nichts anders, als was alle gethan haben, thun werden, ja thun müssen, die eine Philophie nach ihrem eigenen Plane entwerfen.

Von minderer Bedeutung, jedoch nicht ganz ohne alle Wichtigkeit, wäre der Vorwurf: daß ein diese Philosophie wesentlich unterscheidendes Stück doch nicht ihr eigenes Gewächs, sondern etwa einer anderen

ren Philosophie (oder Mathematik) abgeborgt sey: dergleichen ist der Fund, den ein Tübingscher Recensent gemacht haben will, und der die Definition der Philosophie überhaupt angeht, welche der Verfasser der Critik d. r. V. für sein eigenes, nicht unerhebliches, Produkt ausgiebt, und die doch schon vor vielen Jahren von einem Anderen fast mit denselben Ausdrücken gegeben worden sey.*) Ich überlasse es einem jeden, zu beurtheilen, ob die Worte: intellectualis quaedam constructio, den Gedanken der Darstellung eines gegebenen Begrifs in einer Anschauung a priori hätten hervorbringen können, wodurch auf einmal die Philosophie von der Mathematik ganz bestimmt geschieden wird. Ich bin gewiß: Hausen selbst würde sich geweigert haben, diese Erklärung seines Ausdrucks anzuerkennen; denn die Möglichkeit einer Anschauung a priori, und daß der Raum eine solche und nicht ein bloß der empirischen Anschauung (Wahrnehmung) gegebenes Nebeneinanderseyn des Mannigfaltigen außer einander sey (wie Wolf ihn erklärt), würde ihm schon aus dem Grunde abgeschreckt haben, weil er sich hiemit in weit hinaus-

---

*) Porro de actuali constructione hic non quaeritur, cum ne possint quidem sensibiles figurae ad rigorem definitionum effingi; sed requiritur cognitio eorum, quibus absolvitur formatio, quae intellectualis quaedam constructio est. C. A. Hausen Elem. Mathes. Pars I, p. 86. A. 1734.

hinaussehende philosophische Untersuchungen verwickelt gefühlt hätte. Die gleichsam durch den Verstand gemachte Darstellung bedeutete dem scharfsinnigen Mathematiker nichts weiter, als die einem Begriffe correspondirende (empirische) Verzeichnung einer Linie, bey der bloß auf die Regel Acht gegeben, von den in der Ausführung unvermeidlichen Abweichungen aber abstrahirt wird; wie man in der Geometrie auch an der Construction der Gleichungen wahrnehmen kann.

Von der allermindesten Bedeutung aber in Ansehung des Geistes dieser Philosophie ist wohl der Unfug, den einige Nachäffer derselben mit den Wörtern stiften, die in der Critik d. r. V. selbst nicht wohl durch andere gangbare zu ersetzen sind, sie auch außerhalb derselben zum öffentlichen Gedankenverkehr zu brauchen, und welcher allerdings gezüchtigt zu werden verdient, wie Hr. Nicolai thut, wiewohl er über die gänzliche Entbehrung derselben in ihrem eigenthümlichen Felde, gleich als einer überall bloß versteckten Armseligkeit an Gedanken, kein Urtheil zu haben sich selbst bescheiden wird. — Indessen läßt es sich über den unpopulären Pedanten freylich viel lustiger lachen, als über den uncritischen Ignoranten (denn in der That kann der Metaphysiker, welcher seinem Systeme steif anhängt, ohne sich an alle Critik zu kehren, zur letzteren Classe gezählt werden, ob er zwar nur willführlich ignorirt, was er nicht auf-
kom-

kommen laſſen will, weil es zu ſeiner älteren Schule nicht gehört). Wenn aber, nach Schaftsbury's Behauptung, es ein nicht zu verachtender Probierſtein für die Wahrheit einer (vornehmlich practiſchen) Lehre iſt, wenn ſie das Belachen aushält, ſo müßte wohl an den critiſchen Philoſophen mit der Zeit die Reihe kommen zuletzt, und ſo auch am beſten, zu lachen; wenn er die papiernen Syſteme derer, die eine lange Zeit das große Wort führten, nach einander einſtürzen, und alle Anhänger derſelben ſich verlaufen ſieht: ein Schickſal, was jenen unvermeidlich bevorſteht.

Gegen das Ende des Buchs habe ich einige Abſchnitte mit minderer Ausführlichkeit bearbeitet, als in Vergleichung mit dem vorhergehenden erwartet werden konnte: theils, weil ſie mir aus dieſen leicht gefolgert werden zu können ſchienen, theils auch, weil die letzte (das öffentliche Recht betreffende) eben jetzt ſo vielen Discuſſionen unterworfen und dennoch ſo wichtig ſind, daß ſie den Aufſchub des entſcheidenden Urtheils auf einige Zeit wohl rechtfertigen können.

Tafel
der Eintheilung der Rechtslehre.

Erster Theil.

Das Privatrecht in Ansehung äußerer Gegenstände. (Inbegrif derjenigen Gesetze, die keiner äußeren Bekanntmachung bedürfen) . . Seite 53

Erstes Hauptstück.
Von der Art etwas Aeußeres als das Seine zu haben. 55

Zweytes Hauptstück.
Von der Art etwas Aeußeres zu erwerben. . . 76

Eintheilung der äußeren Erwerbung.

Erster Abschnitt.
Vom Sachenrecht. 80

Zweyter Abschnitt.
Vom persönlichen Recht. 97

Dritter Abschnitt.
Von dem auf dingliche Art persönlichen Recht. . 105

Episodischer Abschnitt.
Von der idealen Erwerbung. 130

Drittes Hauptstück.

Von der subjectiv-bedingten Erwerbung durch den Ausspruch einer öffentlichen Gerichtsbarkeit. . 139

Anhang erläuternder Bemerkungen zu den metaphysischen Anfangsgründen der Rechtslehre. 159

Zweyter Theil.

Das öffentliche Recht. (Inbegrif der Gesetze, die einer öffentlichen Bekanntmachung bedürfen) . 189

Erster Abschnitt.

Das Staatsrecht 191

Zweyter Abschnitt.

Das Völkerrecht 245

Dritter Abschnitt.

Das Weltbürgerrecht 259

Einleitung
in die Metaphysik der Sitten.

I.
Von dem Verhältnisse der Vermögen des menschlichen Gemüths zu den Sittengesetzen.

Begehrungsvermögen ist das Vermögen durch seine Vorstellungen Ursache der Gegenstände dieser Vorstellungen zu seyn. Das Vermögen eines Wesens, seinen Vorstellungen gemäß zu handeln, heißt das Leben.

Mit dem Begehren oder Verabscheuen ist erstlich jederzeit Lust oder Unlust, deren Empfänglichkeit man Gefühl nennt, verbunden; aber nicht immer umgekehrt. Denn es kann eine Lust geben, welche mit gar keinem Begehren des Gegenstandes, sondern mit der bloßen Vorstellung, die man sich von einem Gegenstande macht, (gleichgültig, ob das Object derselben existire oder nicht), schon verknüpft ist. Auch geht, zweytens, nicht immer die Lust oder Unlust an dem Gegenstande des Begehrens vor dem Begehren vorher und darf nicht allemal als Ursache, sondern kann auch als Wirkung desselben angesehen werden.

Man nennt aber die Fähigkeit, Lust oder Unlust bey einer Vorstellung zu haben, darum Gefühl, weil beydes das blos **Subjective** im Verhältnisse unserer Vorstellung, und gar keine Beziehung auf ein Object zum möglichen Erkenntnisse desselben*) (nicht einmal dem Erkenntnisse unseres Zustandes) enthält; da sonst selbst Empfindungen, außer der Qualität, die ihnen der Beschaffenheit des Subjects wegen anhängt (z. B. des Rothen, des Süßen u. s. w.) doch auch als Erkenntnißstücke auf ein Object bezogen werden, die Lust oder Unlust aber (am Rothen und Süßen) schlechterdings

*) Man kann Sinnlichkeit durch das Subjective unserer Vorstellungen überhaupt erklären; denn der Verstand bezieht allererst die Vorstellungen auf ein Object, d. i. er allein **denkt** sich etwas vermittelst derselben. Nun kann das Subjective unserer Vorstellung entweder von der Art seyn, daß es auch auf ein Object zum Erkenntniß desselben (der Form oder Materie nach, da es im ersteren Falle reine Anschauung, im zweyten Empfindung heißt) bezogen werden kann. In diesem Falle ist die Sinnlichkeit, als Empfänglichkeit der gedachten Vorstellung, der Sinn: aber das Subjective der Vorstellung kann gar kein **Erkenntnißstück** werden; weil es **blos** die Beziehung derselben aufs **Subject** und nichts zur Erkenntniß des Objects Brauchbares enthält, und alsdann heißt diese Empfänglichkeit der Vorstellung Gefühl; welches die Wirkung der Vorstellung (diese mag sinnlich oder intellectuell seyn) aufs Subject enthält nnd zur Sinnlichkeit gehört, obgleich die Vorstellung selbst zum Verstande oder der Vernunft gehören mag.

dings nichts am Objecte, sondern lediglich Beziehung aufs Subject ausdrückt. Näher können Lust und Unlust für sich, und zwar eben um des angeführten Grundes willen, nicht erklärt werden, sondern man kann allenfalls nur, was sie in gewissen Verhältnissen für Folgen haben, anführen, um sie im Gebrauche kennbar zu machen.

Man kann die Lust, welche mit dem Begehren (des Gegenstandes, dessen Vorstellung das Gefühl so afficirt) nothwendig verbunden ist, **practische Lust** nennen: sie mag nun Ursache oder Wirkung vom Begehren seyn. Dagegen würde man die Lust, die mit dem Begehren des Gegenstandes nicht nothwendig verbunden ist, die also im Grunde nicht eine Lust an der Existenz des Objects der Vorstellung ist, sondern blos an der Vorstellung allein haftet, blos contemplative Lust, oder **unthätiges Wohlgefallen** nennen können. Das Gefühl der letztern Art von Lust nennen wir **Geschmack**. Von diesem wird also in einer practischen Philosophie, nicht als von einem **einheimischen** Begriffe, sondern allenfalls nur **episodisch** die Rede seyn. Was aber die practische Lust betrifft, so wird die Bestimmung des Begehrungsvermögens, **vor welcher diese Lust, als Ursache, nothwendig vorhergehen muß**, im engen Verstande Begierde, die habituelle Begierde aber Neigung heißen, und, weil die Verbindung der Lust mit dem Begehrungsvermögen, sofern diese Verknüpfung durch den Verstand nach einer allgemeinen Regel (allenfalls auch nur für das Subject) gültig zu seyn beurtheilt wird, Interesse heißt; so wird die practische Lust in diesem Falle ein Interesse der Neigung; dagegen wenn die Lust nur auf eine vorhergehende Bestimmung des Begehrungsvermögens folgen kann, so wird sie eine intellectuelle Lust, und das Interesse an dem Gegenstande ein Vernunftinteresse genannt werden müssen; denn wäre das Interesse sinnlich und nicht blos auf reine Vernunftprincipien gegründet, so müßte Empfindung mit Lust verbunden seyn und so das Begehrungsvermögen bestimmen können. Obgleich, wo ein blos reines Vernunftinteresse angenommen werden muß, ihm kein Interesse der Neigung untergeschoben werden kann: so können wir doch, um dem Sprachgebrauche gefällig zu seyn, einer Neigung, selbst zu dem, was nur Object einer intellectuellen Lust seyn kann, ein habituelles Begehren aus reinem Vernunftinteresse einräumen, welche alsdann aber nicht die Ursache, sondern die Wirkung des letztern Interesse seyn würde, und die wir die sinnenfreye Neigung (propensio intellectualis) nennen könnten.

Noch ist die Concupiscenz (das Gelüsten) von dem Begehren selbst, als Anreiz zur Bestimmung desselben, zu unterscheiden. Sie ist jederzeit eine sinnliche, aber noch zu keinem Act des Begehrungsvermögens gediehene Gemüthsbestimmung.

Das Begehrungsvermögen nach Begriffen, sofern der Bestimmungsgrund desselben zur Handlung in ihm selbst, nicht in dem Objecte angetroffen wird, heißt ein
Ver-

Vermögen nach Belieben zu thun oder zu lassen. Sofern es mit dem Bewußtseyn des Vermögens seiner Handlung zur Hervorbringung des Objects verbunden ist, heißt es Willkühr; ist es aber damit nicht verbunden, so heißt der Actus derselben ein Wunsch. Das Begehrungsvermögen, dessen innerer Bestimmungsgrund, folglich selbst das Belieben in der Vernunft des Subjects angetroffen wird, heißt der Wille. Der Wille ist also das Begehrungsvermögen, nicht sowohl (wie die Willkühr) in Beziehung auf die Handlung, als vielmehr auf den Bestimmungsgrund der Willkühr zur Handlung, betrachtet, und hat selber vor sich eigentlich keinen Bestimmungsgrund, sondern ist, sofern sie die Willkühr bestimmen kann, die practische Vernunft selbst.

Unter dem Willen kann die Willkühr, aber auch der bloße Wunsch enthalten seyn, sofern die Vernunft das Begehrungsvermögen überhaupt bestimmen kann; die Willkühr, die durch reine Vernunft bestimmt werden kann, heißt die freye Willkühr. Die, welche nur durch Neigung (sinnlichen Antrieb, stimulus) bestimmbar ist, würde thierische Willkühr (arbitrium brutum) seyn. Die menschliche Willkühr ist dagegen eine solche, welche durch Antriebe zwar afficirt, aber nicht bestimmt wird, und ist also für sich (ohne erworbene Fertigkeit der Vernunft) nicht rein; kann aber doch zu Handlungen aus reinem Willen bestimmt werden. Die Freyheit der Willkühr ist jene Unabhängigkeit ihrer Bestimmung durch sinnliche

liche Antriebe; dies ist der negative Begriff derselben. Der positive ist: das Vermögen der reinen Vernunft für sich selbst practisch zu seyn. Dieses ist aber nicht anders möglich, als durch die Unterwerfung der Maxime einer jeden Handlung unter die Bedingung der Tauglichkeit der erstern zum allgemeinen Gesetze. Denn, als reine Vernunft, auf die Willkühr, unangesehen dieser ihres Objects, angewandt, kann sie, als Vermögen der Principien (und hier practischer Principien, mithin als gesetzgebendes Vermögen), da ihr die Materie des Gesetzes abgeht, nichts mehr als die Form der Tauglichkeit der Maxime der Willkühr zum allgemeinen Gesetze selbst, zum obersten Gesetze und Bestimmungsgrunde der Willkühr machen, und, da die Maximen des Menschen aus subjectiven Ursachen mit jenen objectiven nicht von selbst übereinstimmen, dieses Gesetz nur schlechthin als Imperativ des Verbots oder Gebots, vorschreiben.

Diese Gesetze der Freyheit heißen, zum Unterschiede von Naturgesetzen, moralisch. Sofern sie nur auf bloße äußere Handlungen und deren Gesetzmäßigkeit gehen, heißen sie juridisch; fordern sie aber auch, daß sie (die Gesetze) selbst die Bestimmungsgründe der Handlungen seyn sollen, so sind sie ethisch, und alsdann sagt man: die Uebereinstimmung mit den ersteren ist die Legalität, die mit den zweyten die Moralität der Handlung. Die Freyheit, auf die sich die erstern Gesetze beziehen, kann nur die Freyheit im äußeren

ren Gebrauche; diejenige aber, auf die sich die letzteren beziehen, die Freyheit sowohl im äußern als innern Gebrauche der Willkühr seyn, sofern sie durch Vernunftgesetze bestimmt wird. So sagt man in der theoretischen Philosophie: im Raume sind nur die Gegenstände äußerer Sinne, in der Zeit aber alle, sowohl die Gegenstände äußerer, als des inneren Sinnes; weil die Vorstellungen beyder doch Vorstellungen sind, und sofern insgesammt zum inneren Sinne gehören. Eben so mag die Freyheit im äußeren oder inneren Gebrauche der Willkühr betrachtet werden, so müssen doch ihre Gesetze, als reine practische Vernunftgesetze für die freye Willkühr überhaupt, zugleich innere Bestimmungsgründe derselben seyn: obgleich sie nicht immer in dieser Beziehung betrachtet werden dürfen.

II.

Von der Idee und der Nothwendigkeit einer Metaphysik der Sitten.

Daß man für die Naturwissenschaft, welche es mit den Gegenständen äußerer Sinne zu thun hat, Principien a priori haben müsse, und daß es möglich, ja nothwendig sey, ein System dieser Principien, unter dem Namen einer metaphysischen Naturwissenschaft, vor der auf besondere Erfahrungen angewandten, d. i. der Physik, voranzuschicken, ist an einem andern Orte bewiesen worden. Allein die letztere kann, (wenigstens wenn es ihr darum zu thun ist, von ihren Sätzen den Irrthum abzuhalten)

halten) manches Princip auf das Zeugniß der Erfahrung als allgemein annehmen, obgleich das letztere, wenn es in strenger Bedeutung allgemein gelten soll, aus Gründen a priori abgeleitet werden müßte, wie Newton das Princip der Gleichheit der Wirkung und Gegenwirkung im Einflusse der Körper auf einander als auf Erfahrung gegründet annahm, und es gleichwohl über die ganze materielle Natur ausdehnte. Die Chymiker gehen noch weiter und gründen ihre allgemeinsten Gesetze der Vereinigung und Trennung der Materien durch ihre eigene Kräfte gänzlich auf Erfahrung, und vertrauen gleichwohl auf ihre Allgemeinheit und Nothwendigkeit so, daß sie in den mit ihnen angestellten Versuchen keine Entdeckung eines Irrthums besorgen.

Allein mit den Sittengesetzen ist es anders bewandt. Nur sofern sie als a priori gegründet und nothwendig eingesehen werden können, gelten sie als Gesetze; ja die Begriffe und Urtheile über uns selbst und unser Thun und Lassen, bedeuten gar nichts Sittliches, wenn sie das, was sich blos von der Erfahrung lernen läßt, enthalten, und, wenn man sich etwa verleiten läßt, etwas aus der letztern Quelle zum moralischen Grundsatze zu machen, so geräth man in Gefahr der gröbsten und verderblichsten Irrthümer.

Wenn die Sittenlehre nichts als Glückseligkeitslehre wäre, so würde es ungereimt seyn, zum Behufe derselben sich nach Principien a priori umzusehen. Denn so
schein=

Einleitung.

scheinbar es auch immer lauten mag: daß die Vernunft noch vor der Erfahrung einsehen könne, durch welche Mittel man zum dauerhaften Genusse wahrer Freuden des Lebens gelangen könne: so ist doch alles, was man darüber a priori lehrt, entweder tautologisch, oder ganz grundlos angenommen. Nur die Erfahrung kann lehren, was uns Freude bringe. Die natürlichen Triebe zur Nahrung, zum Geschlechte, zur Ruhe, zur Bewegung, und (bey der Entwickelung unserer Naturanlagen) die Triebe zur Ehre, zur Erweiterung unserer Erkenntniß u. dgl., können allein und einem jeden nur auf seine besondere Art zu erkennen geben, worin er jene Freuden zu setzen; ebendieselbe kann ihm auch die Mittel lehren, wodurch er sie zu suchen habe. Alles scheinbare Vernünfteln a priori ist hier im Grunde nichts, als durch Induction zur Allgemeinheit erhobene Erfahrung, welche Allgemeinheit (secundum principia generalia non universalia) noch dazu so kümmerlich ist, daß man einem jeden unendlich viel Ausnahmen erlauben muß, um jene Wahl seiner Lebensweise seiner besondern Neigung und seiner Empfänglichkeit für die Vergnügen anzupassen, und am Ende doch nur durch seinen, oder anderer ihren Schaden, klug zu werden.

Allein mit den Lehren der Sittlichkeit ist es anders bewandt. Sie gebieten für jedermann, ohne Rücksicht auf seine Neigungen zu nehmen; blos weil und sofern er frey ist und practische Vernunft hat. Die Belehrung in ihren Gesetzen ist nicht aus der Beobachtung seiner selbst

selbst und der Thierheit in ihm; nicht aus der Wahrnehmnung des Weltlaufs geschöpft, von dem was geschieht und wie gehandelt wird, (obgleich das deutsche Wort Sitten, eben so wie das lateinische mores, nur Manieren und Lebensart bedeutet), sondern die Vernunft gebietet wie gehandelt werden soll, wenn gleich noch kein Beyspiel davon angetroffen würde; auch nimmt sie keine Rücksicht auf den Vortheil, der uns dadurch erwachsen kann, und den freylich nur die Erfahrung lehren könnte. Denn, ob sie zwar erlaubt, unsern Vortheil, auf alle uns mögliche Art, zu suchen; überdem auch sich, auf Erfahrungszeugnisse fußend, von der Befolgung ihrer Gebote, vornehmlich wenn Klugheit dazu kommt, im Durchschnitte größere Vortheile, als von ihrer Uebertretung wahrscheinlich versprechen kann: so beruht darauf doch nicht die Autorität ihrer Vorschriften als Gebote, sondern sie bedient sich derselben (als Rathschläge) nur als eines Gegengewichts wider die Verleitungen zum Gegentheil, um den Fehler einer partheyischen Waage in der practischen Beurtheilung vorher auszugleichen, und alsdenn allererst dieser, nach dem Gewicht der Gründe a priori einer reinen practischen Vernunft, den Ausschlag zu sichern.

Wenn daher ein System der Erkenntniß a priori aus bloßen Begriffen Metaphysik heißt: so wird eine praktische Philosophie, welche nicht Natur, sondern die Freyheit der Willkühr zum Objecte hat, eine Metaphysik der Sitten voraussetzen und bedürfen: d. i. eine solche

solche zu haben ist selbst Pflicht, und jeder Mensch hat sie auch, obzwar gemeiniglich nur auf dunkle Art in sich; denn wie könnte er, ohne Principien a priori, eine allgemeine Gesetzgebung in sich zu haben glauben? So wie es aber in einer Metaphysik der Natur auch Principien der Anwendung jener allgemeinen obersten Grundsätze von einer Natur überhaupt auf Gegenstände der Erfahrung geben muß: so wird es auch eine Metaphysik der Sitten daran nicht können mangeln lassen, und wir werden oft die besondere Natur des Menschen, die nur durch Erfahrung erkannt wird, zum Gegenstande nehmen müssen, um an ihr die Folgerungen aus den allgemeinen moralischen Principien zu zeigen; ohne daß jedoch dadurch der Reinigkeit der letzteren etwas benommen, noch ihr Ursprung a priori dadurch zweifelhaft gemacht wird. — Das will so viel sagen, als: eine Metaphysik der Sitten kann nicht auf Anthropologie gegründet, aber doch auf sie angewandt werden.

Das Gegenstück einer Metaphysik der Sitten, als das andere Glied der Eintheilung der practischen Philosophie, überhaupt, würde die moralische Anthropologie seyn, welche, aber nur die subjective, hindernde sowohl, als begünstigende, Bedingungen der Ausführung der Gesetze der ersteren in der menschlichen Natur, die Erzeugung, Ausbreitung und Stärkung moralischer Grundsätze (in der Erziehung der Schul= und Volksbelehrung) und dergleichen andere sich auf Erfahrung gründende Lehren und Vorschriften enthalten würde, und die nicht ent=

entbehrt werden kann, aber durchaus nicht vor jener vorausgeschickt, oder mit ihr vermischt werden muß; weil man alsdann Gefahr läuft, falsche, oder wenigstens nachsichtliche moralische Gesetze herauszubringen, welche das für unerreichbar vorspiegeln, was nur eben darum nicht erreicht wird, weil das Gesetz nicht in seiner Reinigkeit, (als worin auch seine Stärke besteht) eingesehen und vorgetragen worden, oder gar unächte, oder unlautere Triebfedern zu dem, was an sich pflichtmäßig und gut ist, gebraucht werden, welche keine sichere moralische Grundsätze übrig lassen; weder zum Leitfaden der Beurtheilung, noch zur Disciplin des Gemüths in der Befolgung der Pflicht, deren Vorschrift schlechterdings nur durch reine Vernunft a priori gegeben werden muß.

Was aber die Obereintheilung, unter welcher die eben jetzt erwähnte steht, nämlich die der Philosophie in die theoretische und practische, und daß diese keine andere als die moralische Weltweisheit seyn könne, betrifft, darüber habe ich mich schon anderwärts (in der Critik der Urtheilskraft) erklärt. Alles Practische, was nach Naturgesetzen möglich seyn soll, (die eigentliche Beschäfftigung der Kunst) hängt, seiner Vorschrift nach, gänzlich von der Theorie der Natur ab; nur das Practische nach Freyheitsgesetzen kann Principien haben, die von keiner Theorie abhängig sind; denn über die Naturbestimmungen hinaus giebt es keine Theorie. Also kann die Philosophie unter dem practischen Theile (neben ihrem theoretischen) keine technisch = sondern blos moralisch=

Einleitung.

lisch=practische Lehre verstehen, und, wenn die Fertigkeit der Willkühr nach Freyheitsgesetzen, im Gegensatze der Natur, hier auch Kunst genannt werden sollte: so würde darunter eine solche Kunst verstanden werden müssen, welche ein System der Freyheit gleich einem Systeme der Natur möglich macht; fürwahr eine göttliche Kunst, wenn wir im Stande wären, das, was uns die Vernunft vorschreibt, vermittelst ihrer auch völlig auszuführen, und die Idee davon ins Werk zu richten.

III.
Von der Eintheilung einer Metaphysik der Sitten.*)

Zu aller Gesetzgebung (sie mag nun innere oder äußere Handlungen, und diese, entweder a priori durch bloße Vernunft, oder durch die Willkühr eines andern vor=

---

*) Die Deduction der Eintheilung eines Systems: d. i. der Beweis ihrer Vollständigkeit sowohl, als auch der Stetigkeit, daß nämlich der Uebergang vom eingetheilten Begriffe zum Gliede der Eintheilung in der ganzen Reihe der Untereintheilungen durch keinen Sprung (divisio per saltum) geschehe, ist eine der am schwersten zu erfüllenden Bedingungen für den Baumeister eines Systems. Auch was der oberste eingetheilte Begriff zu der Eintheilung Recht oder Unrecht (aut fas aut nefas) sey, hat seine Bedenklichkeit. Es ist der Act der freyen Willkühr überhaupt

vorschreiben) gehören zwey Stücke: erstlich, ein Gesetz, welches die Handlung, die geschehen soll, objectiv als nothwendig vorstellt, d. i. welches die Handlung zur Pflicht macht; zweytens, eine Triebfeder, welche den Bestimmungsgrund der Willkühr zu dieser Handlung subjectiv mit der Vorstellung des Gesetzes verknüpft; mithin ist das zweyte Stück dieses: daß das Gesetz die Pflicht zur Triebfeder macht. Durch das erstere wird die Handlung als Pflicht vorgestellt, welches ein bloßes theoretisches Erkenntniß der möglichen Bestimmung der Willkühr, d. i. practischer Regeln ist: durch das zweyte wird die Verbindlichkeit, so zu handeln mit einem Bestimmungsgrunde der Willkühr überhaupt im Subjecte verbunden.

Alle Gesetzgebung also (sie mag auch in Ansehung der Handlung, die sie zur Pflicht macht, mit einer anderen übereinkommen, z. B. die Handlungen mögen in allen Fällen äußere seyn,) kann doch in Ansehung der Triebfedern unterschieden seyn. Diejenige, welche eine Handlung zur Pflicht, und diese Pflicht zugleich zur Triebfeder macht, ist ethisch. Diejenige aber, welche das Letztere nicht im Gesetze mit einschließt, mithin auch eine

---

haupt. So wie die Lehrer der Entologie vom Etwas und Nichts zu oberst anfangen, ohne inne zu werden, daß dieses schon Glieder einer Eintheilung sind; dazu noch der eingetheilte Begriff fehlt, der kein anderer, als der Begriff von einem Gegenstande überhaupt seyn kann.

eine andere Triebfeder, als die Idee der Pflicht selbst, zuläßt, ist juridisch. Man sieht in Ansehung der letztern leicht ein, daß diese von der Idee der Pflicht unterschiedene Triebfeder, von den pathologischen Bestimmungsgründen der Willkühr der Neigungen und Abneigungen, und unter diesen von denen der letztern Art hergenommen seyn müssen, weil es eine Gesetzgebung, welche nöthigend, nicht eine Anlockung, die einladend ist, seyn soll.

Man nennt die bloße Uebereinstimmung oder Nichtübereinstimmung einer Handlung mit dem Gesetze, ohne Rücksicht auf die Triebfeder derselben, die Legalität (Gesetzmäßigkeit): diejenige aber, in welcher die Idee der Pflicht aus dem Gesetze zugleich die Triebfeder der Handlung ist, die Moralität (Sittlichkeit) derselben.

Die Pflichten nach der rechtlichen Gesetzgebung können nur äußere Pflichten seyn, weil diese Gesetzgebung nicht verlangt, daß die Idee dieser Pflicht, welche innerlich ist, für sich selbst Bestimmungsgrund der Willkühr des Handelnden sey, und, da sie doch einer für Gesetze schicklichen Triebfeder bedarf, nur äußere mit dem Gesetze verbinden kann. Die ethische Gesetzgebung dagegen macht zwar auch innere Handlungen zu Pflichten, aber nicht etwa mit Ausschließung der äußeren, sondern geht auf alles, was Pflicht ist, überhaupt. Aber eben darum, weil die ethische Gesetzgebung die innere Triebfeder der Handlung (die Idee der Pflicht) in ihr Gesetz mit einschließt, welche Bestimmung durchaus nicht in die äußere Gesetzgebung einfließen muß:

so kann die ethische Gesetzgebung keine äußere (selbst nicht die eines göttlichen Willens) seyn, ob sie zwar die Pflichten, die auf einer anderen, nämlich äußeren Gesetzgebung beruhen, als Pflichten, in ihre Gesetzgebung zu Triebfedern aufnimmt.

Hieraus ist zu ersehen, daß alle Pflichten blos darum, weil sie Pflichten sind, mit zur Ethik gehören; aber ihre Gesetzgebung ist darum nicht allemal in der Ethik enthalten, sondern von vielen derselben außerhalb derselben. So gebietet die Ethik, daß ich eine in einem Vertrage gethane Anheischigmachung, wenn mich der andere Theil gleich nicht dazu zwingen könnte, doch erfüllen müsse: allein sie nimmt das Gesetz, (pacta sunt servanda) und die diesem correspondirende Pflicht aus der Rechtslehre als gegeben an. Also nicht in der Ethik, sondern im Jus, liegt die Gesetzgebung, daß angenommene Versprechen gehalten werden müssen. Die Ethik lehrt hernach nur, daß, wenn die Triebfeder, welche die juridische Gesetzgebung mit jener Pflicht verbindet, nämlich der äußere Zwang, auch weggelassen wird, die Idee der Pflicht allein schon zur Triebfeder hinreichend sey. Denn wäre das nicht, und die Gesetzgebung selber nicht juridisch, mithin die aus ihr entspringende Pflicht nicht eigentliche Rechtspflicht (zum Unterschiede von der Tugendpflicht): so würde man die Leistung der Treue (gemäß seinem Versprechen in einem Vertrage) mit denen Handlungen des Wohlwollens und der Verpflichtung zu ihnen in eine Classe setzen, welches durchaus nicht geschehen

schehen muß. Es ist keine Tugendpflicht, sein Versprechen zu halten, sondern eine Rechtspflicht, zu deren Leistung man gezwungen werden kann. Aber es ist doch eine tugendhafte Handlung (Beweis der Tugend), es auch da zu thun, wo kein Zwang besorgt werden darf. Rechtslehre und Tugendlehre unterscheiden sich also nicht sowohl durch ihre verschiedene Pflichten, als vielmehr durch die Verschiedenheit der Gesetzgebung, welche die eine oder die andere Triebfeder mit dem Gesetze verbindet.

Die ethische Gesetzgebung (die Pflichten mögen allenfalls auch äußere seyn) ist diejenige, welche nicht äußerlich seyn kann; die juridische ist, welche auch äußerlich seyn kann. So ist es eine äußerliche Pflicht, sein vertragsmäßiges Versprechen zu halten; aber das Gebot, dieses blos darum zu thun, weil es Pflicht ist, ohne auf eine andere Triebfeder Rücksicht zu nehmen, ist blos zur innern Gesetzgebung gehörig. Also nicht als besondere Art von Pflicht (eine besondere Art Handlungen, zu denen man verbunden ist) — denn es ist in der Ethik sowohl als im Rechte eine äußere Pflicht, — sondern weil die Gesetzgebung im angeführten Falle, eine innere ist und keinen äußeren Gesetzgeber haben kann, wird die Verbindlichkeit zur Ethik gezählt. Aus eben dem Grunde werden die Pflichten des Wohlwollens, ob sie gleich äußere Pflichten (Verbindlichkeiten zu äußeren Handlungen) sind, doch zur Ethik gezählt, weil ihre Gesetzgebung nur innerlich seyn kann. — Die Ethik hat

frey-

freylich auch ihre besondern Pflichten (z. B. die gegen sich selbst); aber hat doch auch mit dem Rechte Pflichten, aber nur nicht die Art der Verpflichtung gemein. Denn Handlungen blos darum, weil es Pflichten sind, ausüben, und den Grundsatz der Pflicht selbst, woher sie auch komme, zur hinreichenden Triebfeder der Willkühr zu machen, ist das Eigenthümliche der ethischen Gesetzgebung. So giebt es also zwar viele direct=ethische Pflichten, aber die innere Gesetzgebung macht auch die übrigen, alle und insgesammt, zu indirect=ethischen.

IV.

Vorbegriffe zur Metaphysik der Sitten.
(Philosophia practica universalis.)

Der Begriff der Freyheit ist ein reiner Vernunftbegriff, der eben darum für die theoretische Philosophie transcendent, d. i. ein solcher ist, dem kein angemessenes Beyspiel in irgend einer möglichen Erfahrung gegeben werden kann; welcher also keinen Gegenstand einer uns möglichen theoretischen Erkenntniß ausmacht, und schlechterdings nicht für ein constitutives, sondern lediglich als regulatives, und zwar nur blos negatives Princip der speculativen Vernunft gelten kann, im practischen Gebrauche derselben aber seine Realität durch practische Grundsätze beweiset, die, als Gesetze, eine Caussalität der reinen Vernunft, unabhängig von allen empirischen Bedingungen, (dem Sinnlichen überhaupt) die Willkühr bestimmen und einen reinen Willen in uns beweisen, in welchem die sittlichen Begriffe und Gesetze ihren Ursprung haben.

Auf diesem (in practischer Rücksicht) positiven Begriffe der Freyheit gründen sich unbedingte practische Gesetze, welche moralisch heißen, die in Ansehung Unser, deren Willkühr sinnlich afficirt und so dem reinen Willen nicht von selbst angemessen, sondern oft widerstrebend ist, Imperativen (Gebote oder Verbote) und zwar categorische (unbedingte) Imperativen sind, wodurch sie sich von den technischen (den Kunst=Vorschriften), als die jederzeit nur bedingt gebieten, unterscheiden, nach denen gewisse Handlungen erlaubt oder unerlaubt, d. i. moralisch möglich oder unmöglich, einige derselben aber, oder ihr Gegentheil moralisch nothwendig, d. i. verbindlich sind, woraus dann für jene der Begriff einer Pflicht entspringt, deren Befolgung oder Uebertretung zwar auch mit einer Lust oder Unlust von besonderer Art (der eines moralischen Gefühls) verbunden ist, auf welche wir aber, [weil sie nicht den Grund der practischen Gesetze, sondern nur die subjective Wirkung im Gemüthe bey der Bestimmung unserer Willkühr durch jene betreffen und (ohne jener ihrer Gültigkeit oder Einflusse objectiv, d. i. im Urtheil der Vernunft, etwas hinzuzuthun oder zu benehmen) nach Verschiedenheit der Subjecte verschieden seyn kann], in practischen Gesetzen der Vernunft gar nicht Rücksicht nehmen.

Einleitung.

Folgende Begriffe sind der Metaphysik der Sitten in ihren beyden Theilen gemein.

Verbindlichkeit ist die Nothwendigkeit einer freyen Handlung unter einem categorischen Imperativ der Vernunft.

Der **Imperativ** ist eine practische Regel, wodurch die an sich zufällige Handlung nothwendig gemacht wird. Er unterscheidet sich darin von einem practischen Gesetze, daß dieses zwar die Nothwendigkeit einer Handlung vorstellig macht, aber ohne Rücksicht darauf zu nehmen, ob diese an sich schon dem handelnden Subject (etwa einem heiligen Wesen) innerlich nothwendig beywohne, oder (wie dem Menschen) zufällig sey; denn, wo das erstere ist, da findet kein Imperativ statt. Also ist der Imperativ eine Regel, deren Vorstellung die subjectiv = zufällige Handlung nothwendig macht, mithin das Subject, als ein solches, was zur Uebereinstimmung mit dieser Regel genöthigt (necessitirt) werden muß, vorstellt. — Der categorische (unbedingte) Imperativ ist derjenige, welcher nicht etwa mittelbar, durch die Vorstellung eines Zwecks, der durch die Handlung erreicht werden könne, sondern der sie durch die bloße Vorstellung dieser Handlung selbst (ihrer Form), also unmittelbar als objectiv = nothwendig denkt und nothwendig macht; dergleichen Imperativen keine andere practische Lehre, als allein die, welche Verbindlichkeit vorschreibt (die der Sitten) zum Beyspiele aufstellen kann. Alle andere Imperativen sind technisch und insgesammt bedingt. Der Grund der Möglichkeit categorischer Imperativen liegt aber darin: daß sie sich auf keine

keine andere Bestimmung der Willkühr (wodurch ihr eine Absicht untergelegt werden kann), als lediglich auf die Freyheit derselben beziehen.

Erlaubt ist eine Handlung (licitum) die der Verbindlichkeit nicht entgegen ist; und diese Freyheit, die durch keinen entgegengesetzten Imperativ eingeschränkt wird, heißt die Befugniß (facultas moralis). Hieraus versteht sich von selbst was **unerlaubt** (illicitum) sey.

Pflicht ist diejenige Handlung, zu welcher jemand verbunden ist. Sie ist also die Materie der Verbindlichkeit, und es kann einerley Pflicht (der Handlung nach) seyn, ob wir zwar auf verschiedene Art dazu verbunden werden können.

Der categorische Imperativ, indem er eine Verbindlichkeit in Ansehung gewisser Handlungen aussagt, ist ein moralisch = practisches Gesetz. Weil aber Verbindlichkeit nicht blos practische Nothwendigkeit (dergleichen ein Gesetz überhaupt aussagt) sondern auch **Nöthigung** enthält, so ist der gedachte Imperativ entweder ein Gebot = oder Verbotgesetz, nachdem die Begehung oder Unterlassung als Pflicht vorgestellt wird. Eine Handlung, die weder geboten noch verboten ist, ist blos **erlaubt**, weil es in Ansehung ihrer gar kein die Freyheit (Befugniß) einschränkendes Gesetz und also auch keine Pflicht giebt. Eine solche Handlung heißt sittlich = gleichgültig (indifferens, adiaphoron, res merae facultatis). Man kann fragen: ob es dergleichen gebe, und, wenn es solche giebt, ob dazu, daß es jemanden frey stehe, etwas

nach

nach seinem Belieben zu thun, oder zu lassen, außer dem Gebotgesetze (lex praeceptiva, lex mandati) und dem Verbotgesetze (lex prohibitiva, lex vetiti), noch ein Erlaubnißgesetz (lex permissiva) erforderlich sey. Wenn dieses ist, so würde die Befugniß nicht allemal eine gleichgültige Handlung (adiaphoron) betreffen; denn zu einer solchen, wenn man sie nach sittlichen Gesetzen betrachtet, würde kein besonderes Gesetz erfordert werden.

That heißt eine Handlung sofern sie unter Gesetzen der Verbindlichkeit steht, folglich auch sofern das Subject in derselben nach der Freyheit seiner Willkühr betrachtet wird. Der Handelnde wird durch einen solchen Act als Urheber der Wirkung betrachtet, und diese, zusammt der Handlung selbst, können ihm zugerechnet werden, wenn man vorher das Gesetz kennt, Kraft welches auf ihnen eine Verbindlichkeit ruhet.

Person ist dasjenige Subject, dessen Handlungen einer Zurechnung fähig sind. Die moralische Persönlichkeit ist also nichts anderes, als die Freyheit eines vernünftigen Wesens unter moralischen Gesetzen (die psychologische aber blos das Vermögen, sich seiner selbst in den verschiedenen Zuständen der Identität seines Daseyns bewußt zu werden,) woraus dann folgt, daß eine Person keinen anderen Gesetzen, als denen, die sie (entweder allein, oder wenigstens zugleich mit anderen) sich selbst giebt, unterworfen ist.

Sache

Sache ist ein Ding, was keiner Zurechnung fähig ist. Ein jedes Object der freyen Willkühr, welches selbst der Freyheit ermangelt, heißt daher Sache. (res corporalis.)

Recht oder Unrecht (rectum aut minus rectum) überhaupt ist eine That, sofern sie pflichtmäßig oder pflichtwidrig (factum licitum aut illicitum) ist; die Pflicht selbst mag, ihrem Inhalte oder ihrem Ursprunge nach, seyn, von welcher Art sie wolle. Eine pflichtwidrige That heißt **Uebertretung** (reatus).

Eine **unvorsetzliche** Uebertretung, die gleichwohl zugerechnet werden kann, heißt bloße **Verschuldung** (culpa). Eine vorsetzliche (d. i. diejenige, welche mit dem Bewußtseyn, daß sie Uebertretung sey, verbunden ist) heißt **Verbrechen** (dolus). Was nach äußeren Gesetzen recht ist, heißt **gerecht** (iustum), was es nicht ist, **ungerecht** (iniustum).

Ein **Widerstreit der Pflichten** (collisio officiorum, f. obligationum) würde das Verhältniß derselben seyn, durch welches eine derselben die andere (ganz oder zum Theil) aufhöbe. — Da aber Pflicht und Verbindlichkeit überhaupt Begriffe sind, welche die objective practische Nothwendigkeit gewisser Handlungen ausdrücken und zwey einander entgegengesetzte Regeln nicht zugleich nothwendig seyn können, sondern, wenn nach einer derselben zu handeln es Pflicht ist, so ist nach der entgegengesetzten zu han=

handeln nicht allein keine Pflicht, sondern sogar pflichtwidrig: so ist eine Collision von Pflichten und Verbindlichkeiten gar nicht denkbar (obligationes non colliduntur). Es können aber gar wohl zwey Gründe der Verbindlichkeit (rationes obligandi), deren einer aber, oder der andere, zur Verpflichtung nicht zureichend ist (rationes obligandi non obligante), in einem Subject und der Regel, die es sich vorschreibt, verbunden seyn, da dann der eine nicht Pflicht ist. — Wenn zwey solcher Gründe einander widerstreiten, so sagt die practische Philosophie nicht: daß die stärkere Verbindlichkeit die Oberhand behalte (fortior obligatio vincit), sondern der stärkere Verpflichtungsgrund behält den Platz (fortior obligandi ratio vincit).

Ueberhaupt heißen die verbindenden Gesetze, für die eine äußere Gesetzgebung möglich ist, äußere Gesetze (leges externae). Unter diesen sind diejenigen, zu denen die Verbindlichkeit auch ohne äußere Gesetzgebung a priori durch die Vernunft erkannt werden kann, zwar äußere, aber natürliche Gesetze; diejenigen dagegen, die ohne wirkliche äußere Gesetzgebung gar nicht verbinden (also ohne die letztere nicht Gesetze seyn würden) heißen positive Gesetze. Es kann also eine äußere Gesetzgebung gedacht werden, die lauter natürliche Gesetze enthielte; alsdenn aber müßte doch ein natürliches Gesetz vorausgehen, welches die Autorität des Gesetzgebers (d. i. die Befugniß, durch seine bloße Willkühr andere zu verbinden) begründete.

Der

Einleitung.

Der Grundsatz, welcher gewisse Handlungen zur Pflicht macht, ist ein practisches Gesetz. Die Regel des Handelnden, die er sich selbst aus subjectiven Gründen zum Princip macht, heißt seine Maxime; daher bey einerley Gesetzen doch die Maximen der Handelnden sehr verschieden seyn können.

Der categorische Imperativ, der überhaupt nur aussagt, was Verbindlichkeit sey, ist: handle nach einer Maxime, welche zugleich als ein allgemeines Gesetz gelten kann. — Deine Handlungen mußt du also zuerst nach ihrem subjectiven Grundsatze betrachten: ob aber dieser Grundsatz auch objectiv gültig sey, kanust du nur daran erkennen, daß, weil deine Vernunft ihn der Probe unterwirft, durch denselben dich zugleich als allgemein gesetzgebend zu denken, er sich zu einer solchen allgemeinen Gesetzgebung qualificire.

Die Einfachheit dieses Gesetzes in Vergleichung mit den großen und mannigfaltigen Forderungen, die daraus gezogen werden können, imgleichen das gebietende Ansehen, ohne daß es doch sichtbar eine Triebfeder bey sich führt, muß freylich anfänglich befremden. Wenn man aber, in dieser Verwunderung über ein Vermögen unserer Vernunft, durch die bloße Idee der Qualification einer Maxime zur Allgemeinheit eines practischen Gesetzes die Willkühr zu bestimmen, belehrt wird: daß eben diese practischen Gesetze (die moralischen) eine Eigenschaft der Willkühr zuerst kund machen,

machen, auf die keine speculative Vernunft weder aus Gründen a priori, noch durch irgend eine Erfahrung, gerathen hätte, und, wenn sie darauf gerieth, ihre Möglichkeit theoretisch durch nichts darthun könnte, gleichwohl aber jene practischen Gesetze diese Eigenschaft, nämlich die Freyheit, unwidersprechlich darthun; so wird es weniger befremden, diese Gesetze, gleich mathematischen Postulaten, unerweislich und doch apodictisch zu finden, zugleich aber ein ganzes Feld von practischen Erkenntnissen vor sich eröffnet zu sehen, wo die Vernunft mit derselben Idee der Freyheit, ja jeder anderer ihrer Ideen des Uebersinnlichen im Theoretischen alles schlechterdings vor ihr verschlossen finden muß. Die Uebereinstimmung einer Handlung mit dem Pflichtgesetze ist die Gesetzmäßigkeit (legalitas) — die der Maxime der Handlung mit dem Gesetze die Sittlichkeit (moralitas) derselben. Maxime aber ist das subjective Princip zu handeln, was sich das Subject selbst zur Regel macht, (wie es nämlich handeln will). Dagegen ist der Grundsatz der Pflicht das, was ihm die Vernunft schlechthin, mithin objectiv gebietet (wie es handeln soll).

Der oberste Grundsatz der Sittenlehre ist also: handle nach einer Maxime, die zugleich als allgemeines Gesetz gelten kann. — Jede Maxime, die sich hiezu nicht qualificirt, ist der Moral zuwider.

Von dem Willen gehen die Gesetze aus; von der Willkühr die Maximen. Die letztere ist im Menschen

schen eine freye Willkühr; der Wille, der auf nichts
Anderes, als blos auf Gesetz geht, kann weder frey noch
unfrey genannt werden, weil er nicht auf Handlungen,
sondern unmittelbar auf die Gesetzgebung für die Maxime
der Handlungen (also die practische Vernunft selbst) geht,
daher auch schlechterdings nothwendig und selbst keiner
Nöthigung fähig ist. Nur die Willkühr also kann
frey genannt werden.

Die Freyheit der Willkühr aber kann nicht durch das
Vermögen der Wahl, für oder wider das Gesetz zu handeln (libertas indifferentiae), definirt werden; — wie
es wohl einige versucht haben, — ob zwar die Willkühr
als Phänomen davon in der Erfahrung häufige Beyspiele giebt. Denn die Freyheit (so wie sie uns durchs
moralische Gesetz allererst kundbar wird) kennen wir nur
als negative Eigenschaft in uns, nämlich durch keine
sinnliche Bestimmungsgründe zum Handeln genöthigt
zu werden. Als Noumen aber, d. i. nach dem Vermögen des Menschen blos als Intelligenz betrachtet,
wie sie in Ansehung der sinnlichen Willkühr nöthigend
ist, mithin ihrer positiven Beschaffenheit nach, können
wir sie theoretisch gar nicht darstellen. Nur das
können wir wohl einsehen: daß, obgleich der Mensch, als
Sinnenwesen, der Erfahrung nach ein Vermögen
zeigt dem Gesetze nicht allein gemäß, sondern auch
zuwider zu wählen, dadurch doch nicht seine Freyheit
als intelligiblen Wesens definirt werden könne; weil Erscheinungen kein übersinnliches Object (dergleichen doch die freye Willkühr ist) verständlich machen
können, und daß die Freyheit nimmermehr darin gesetzt
werden kann, daß das vernünftige Subject auch eine
wider

wider seine (gesetzgebende) Vernunft streitende Wahl treffen kann; wenn gleich die Erfahrung oft genug beweist, daß es geschieht; (wovon wir doch die Möglichkeit nicht begreifen können). — Denn ein Anderes ist, einen Satz (der Erfahrung) anrühmen, ein Anderes ihn zum Erklärungsprincip (des Begriffs der freyen Willkühr) und allgemeinen Unterscheidungsmerkmal (vom arbitrio bruto s. servo) machen; weil das erstere nicht behauptet, daß das Merkmal nothwendig zum Begriff gehöre, welches doch zum Zweyten erforderlich ist. — Die Freyheit, in Beziehung auf die innere Gesetzgebung der Vernunft, ist eigentlich allein ein Vermögen; die Möglichkeit von dieser abzuweichen ein Unvermögen. Wie kann nun jenes aus diesem erklärt werden? Es in eine Definition, die über den practischen Begriff noch die Ausübung desselben, wie sie die Erfahrung lehrt, hinzuthut, eine Bastarterklärung (definitio hybrida), welche den Begriff im falschen Lichte darstellt.

Gesetz (ein moralisch practisches) ist ein Satz, der einen categorischen Imperativ, (Gebot) enthält. Der Gebietende (imperans) durch ein Gesetz ist der Gesetzgeber (legislator). Er ist Urheber (autor) der Verbindlichkeit nach dem Gesetze, aber nicht immer Urheber des Gesetzes. Im letzteren Falle würde das Gesetz positiv (zufällig) und willkührlich seyn. Das Gesetz, was uns a priori und unbedingt durch unsere eigene Vernunft verbindet, kann auch als aus dem Willen eines höchsten Gesetzgebers, d. i. eines solchen, der lauter Rechte und keine Pflichten hat, (mithin dem göttlichen Willen) hervorgehend ausgedrückt werden, welches aber nur die Idee von einem moralischen Wesen bedeutet,

deutet, deſſen Wille für alle Geſetz iſt, ohne ihn doch als Urheber deſſelben zu denken.

Zurechnung (imputatio) in moraliſcher Bedeutung iſt das Urtheil, wodurch jemand als Urheber (causa libera) einer Handlung, die alsdann That (factum) heißt und unter Geſetzen ſteht, angeſehen wird; welches, wenn es zugleich die rechtlichen Folgen aus dieſer That bey ſich führt, eine rechtskräftige (imputatio iudiciaria, ſ. valida), ſonſt aber nur eine beurtheilende Zurechnung (imputatio diiudicatoria) ſeyn würde. — Diejenige (phyſiſche oder moraliſche) Perſon, welche rechtskräftig zuzurechnen die Befugniß hat, heißt der Richter oder auch der Gerichtshof (iudex ſ. forum).

Was jemand pflichtmäßig mehr thut, als wozu er nach dem Geſetze gezwungen werden kann, iſt verdienſtlich (meritum): was er nur gerade dem letzteren angemeſſen thut, iſt Schuldigkeit (debitum); was er endlich weniger thut, als die letztere fordert, iſt moraliſche Verſchuldung (demeritum). Der rechtliche Effect einer Verſchuldung iſt die Strafe (poena): der einer verdienſtlichen That Belohnung (praemium) (vorausgeſetzt, daß ſie, im Geſetz verheißen, die Bewegurſache war); die Angemeſſenheit des Verfahrens zur Schuldigkeit hat gar keinen rechtlichen Effect. — Die gültige Vergeltung (remuneratio ſ. repenſio benefica) ſteht zur That in gar keinem Rechtsverhältniſſe.

Die

Die guten oder schlimmen Folgen einer schuldigen Handlung, — imgleichen die Folgen der Unterlassung einer verdienstlichen, können dem Subjecte nicht zugerechnet werden (modus imputationis tollens).

Die guten Folgen einer verdienstlichen, — imgleichen die schlimmen Folgen einer unrechtmäßigen Handlung können dem Subjecte zugerechnet werden (modus imputationis ponens).

Subjectiv ist der Grad der Zurechnungsfähigkeit (imputabilitas) der Handlungen nach der Größe der Hindernisse zu schätzen, die dabey haben überwunden werden müssen. — Je größer die Naturhindernisse (der Sinnlichkeit), je kleiner das moralische Hinderniß (der Pflicht), desto mehr wird die gute That zum Verdienst angerechnet. Z. B. wenn ich einen mir ganz fremden Menschen mit meiner beträchtlichen Aufopferung aus großer Noth rette.

Dagegen: je kleiner das Naturhinderniß, je größer das Hinderniß aus Gründen der Pflicht, desto mehr wird die Uebertretung (als Verschuldung) zugerechnet. — Daher der Gemüthszustand, ob das Subject die That im Affect, oder mit ruhiger Ueberlegung verübt habe, in der Zurechnung einen Unterschied macht, der Folgen hat.

Einleitung
in die Rechtslehre.

§. A.
Was die Rechtslehre sey?

Der Inbegriff der Gesetze, für welche eine äußere Gesetzgebung möglich ist, heißt die Rechtslehre (Jus). Ist eine solche Gesetzgebung wirklich, so ist sie Lehre des positiven Rechts und der Rechtskundige derselben, oder Rechtsgelehrte (Jurisconsultus), heißt Rechtserfahren (Jurisperitus), wenn er die äußern Gesetze auch äußerlich, d. i. in ihrer Anwendung auf in der Erfahrung vorkommende Fälle kennt, die auch wohl Rechtsklugheit (Jurisprudentia) werden kann, ohne beyde zusammen aber bloße Rechtswissenschaft (Jurisscientia) bleibt. Die letztere Benennung kommt der systematischen Kenntniß der natürlichen Rechtslehre (Jus naturae) zu, wiewohl der Rechtskundige in der letzteren zu aller positiven Gesetzgebung die unwandelbaren Principien hergeben muß.

§. B.
Was ist Recht?

Diese Frage möchte wohl den Rechtsgelehrten, wenn er nicht in Tautologie verfallen, oder, statt einer allgemeinen Auflösung, auf das, was in irgend einem Lande die

die Gesetze zu irgend einer Zeit wollen, verweisen will, eben so in Verlegenheit setzen, als die berufene Aufforderung: Was ist Wahrheit? den Logiker. Was Rechtens sey (quid sit iuris), d. i. was die Gesetze an einem gewissen Ort und zu einer gewissen Zeit sagen oder gesagt haben, kann er noch wohl angeben: aber, ob das, was sie wollten, auch recht sey, und das allgemeine Criterium, woran man überhaupt, Recht sowohl als Unrecht (iustum et iniustum), erkennen könne, bleibt ihm wohl verborgen, wenn er nicht eine Zeit lang jene empirischen Principien verläßt, die Quellen jener Urtheile in der bloßen Vernunft sucht (wiewohl ihm dazu jene Gesetze vortrefflich zum Leitfaden dienen können), um zu einer möglichen positiven Gesetzgebung die Grundlage zu errichten. Eine blos empirische Rechtslehre ist (wie der hölzerne Kopf in Phädrus Fabel) ein Kopf, der schön seyn mag, nur Schade! daß er kein Gehirn hat.

Der Begriff des Rechts, sofern er sich auf eine ihm correspondirende Verbindlichkeit bezieht (d. i. der moralische Begriff derselben), betrifft erstlich nur das äußere und zwar practische Verhältniß einer Person gegen eine andere, sofern ihre Handlungen als Facta auf einander (unmittelbar, oder mittelbar) Einfluß haben können. Aber zweytens bedeutet er nicht das Verhältniß der Willkühr auf den Wunsch (folglich auch auf das bloße Bedürfniß) des Anderen, wie etwa in den Handlungen der Wohlthätigkeit oder Hartherzigkeit, sondern lediglich auf die Willkühr des Anderen. Drittens in diesem wechselseitigen Verhältnisse der Will-

Einleitung.

Willkühr kommt auch gar nicht die Materie der Willkühr, d. i. der Zweck, den ein jeder mit dem Object, was er will, zur Absicht hat, in Betrachtung, z. B. es wird nicht gefragt, ob jemand bey der Waare, die er zu seinem eigenen Handel von mir kauft, auch seinen Vortheil finden möge, oder nicht, sondern nur nach der Form im Verhältniß der beyderseitigen Willkühr sofern sie blos als frey betrachtet wird, und ob durch die Handlung Eines von beyden sich mit der Freyheit des Anderen nach einem allgemeinen Gesetze zusammen vereinigen lasse.

Das Recht ist also der Inbegriff der Bedingungen, unter denen die Willkühr des einen mit der Willkühr des andern nach einem allgemeinen Gesetze der Freyheit zusammen vereinigt werden kann.

§. C.
Allgemeines Princip des Rechts.

»Eine jede Handlung ist recht, die oder nach deren Maxime die Freyheit der Willkühr eines jeden mit jedermanns Freiheit nach einem allgemeinen Gesetze zusammen bestehen kann rc.«

Wenn also meine Handlung, oder überhaupt mein Zustand, mit der Freyheit von jedermann nach einem allgemeinen Gesetze zusammen bestehen kann, so thut der mir Unrecht, der mich daran hindert; denn dieses Hinderniß

(dieser

(dieser Widerstand) kann mit der Freyheit nach allgemeinen Gesetzen nicht bestehen.

Es folgt hieraus auch: daß nicht verlangt werden kann, daß dieses Princip aller Maximen selbst wiederum meine Maxime sey, d. i. daß ich es mir zur Maxime meiner Handlung mache; denn ein jeder kann frey seyn, obgleich seine Freyheit mir gänzlich indifferent wäre, oder ich im Herzen derselben gerne Abbruch thun möchte, wenn ich nur durch meine äußere Handlung ihr nicht Eintrag thue. Das Rechthandeln mir zur Maxime zu machen, ist eine Forderung, die die Ethik an mich thut.

Also ist das allgemeine Rechtsgesetz: handle äußerlich so, daß der freye Gebrauch deiner Willkühr mit der Freyheit von jedermann nach einem allgemeinen Gesetze zusammen bestehen könne, zwar ein Gesetz, welches mir eine Verbindlichkeit auferlegt, aber ganz und gar nicht erwartet, noch weniger fordert, daß ich ganz um dieser Verbindlichkeit willen, meine Freyheit auf jene Bedingungen selbst einschränken solle, sondern die Vernunft sagt nur, daß sie in ihrer Idee darauf eingeschränkt sey und von andern auch thätlich eingeschränkt werden dürfe; und dieses sagt sie als ein Postulat, welches gar keines Beweises weiter fähig ist. — Wenn die Absicht nicht ist, Tugend zu lehren, sondern nur was recht sey vorzutragen, so darf und soll man selbst nicht jenes Rechtsgesetz als Triebfeder der Handlung vorstellig machen.

§. D.

§. D.
Das Recht ist mit der Befugniß zu zwingen verbunden.

Der Widerstand, der dem Hindernisse einer Wirkung entgegengesetzt wird, ist eine Beförderung dieser Wirkung und stimmt mit ihr zusammen. Nun ist alles, was Unrecht ist, ein Hinderniß der Freyheit nach allgemeinen Gesetzen: der Zwang aber ist ein Hinderniß oder Widerstand, der der Freyheit geschieht. Folglich: wenn ein gewisser Gebrauch der Freyheit selbst ein Hinderniß der Freyheit nach allgemeinen Gesetzen (d. i. unrecht) ist, so ist der Zwang, der diesem entgegengesetzt wird, als Verhinderung eines Hindernisses der Freyheit mit der Freyheit nach allgemeinen Gesetzen zusammen stimmend, d. i. recht: mithin ist mit dem Rechte zugleich eine Befugniß, den, der ihm Abbruch thut, zu zwingen, nach dem Satze des Widerspruchs verknüpft.

§. E.
Das stricte Recht kann auch als die Möglichkeit eines mit jedermanns Freyheit nach allgemeinen Gesetzen zusammenstimmenden durchgängigen wechselseitigen Zwanges vorgestellt werden.

Dieser Satz will so viel sagen, als: das Recht darf nicht als aus zwey Stücken, nämlich der Verbindlichkeit nach einem Gesetze und der Befugniß dessen, der durch seine Willkühr den andern verbindet, diesen dazu zu zwingen, zusammengesetzt gedacht werden, sondern man kann den Begriff des Rechts in der Möglichkeit der Verknüpfung des allgemeinen wechselseitigen Zwanges mit jedermanns Freyheit unmittelbar setzen. So, wie nämlich das Recht überhaupt nur das zum Objecte hat, was in Handlungen äußerlich ist, so ist das stricte Recht, nämlich das, dem nichts Ethisches beygemischt ist, dasjenige, welches keine andern Bestimmungsgründe der Willkühr, als blos die äußern fordert; denn alsdann ist es rein und mit keinen Tugendvorschriften vermengt. Ein strictes (enges) Recht kann man also nur das völlig äußere nennen. Dieses gründet sich nun zwar auf dem Bewußtseyn der Verbindlichkeit eines jeden nach dem Gesetze aber die Willkühr darnach zu bestimmen, darf und kann es, wenn es rein seyn soll, sich auf dieses Bewußtseyn als Triebfeder nicht berufen, sondern fußet sich deshalb auf dem Princip der Möglichkeit eines äußeren Zwanges, der mit der Freyheit von jedermann nach allgemeinen Gesetzen zusammen bestehen kann. — Wenn also gesagt wird: ein Gläubiger hat ein Recht, von dem Schuldner die Bezahlung seiner Schuld zu fordern, so bedeutet das nicht, er kann ihm zu Gemüthe führen, daß ihn seine Vernunft selbst zu dieser Leistung verbinde, sondern ein Zwang, der jedermann nöthigt, dieses zu thun, kann gar wohl mit jedermanns Freyheit, also auch mit der seinigen, nach einem allgemeinen äußeren Gesetze zusammen bestehen: Recht und Befugniß zu zwingen bedeuten also einerley.

Das Gesetz eines mit jedermanns Freyheit nothwendig zusammenstimmenden wechselseitigen Zwanges, unter dem

dem Princip der allgemeinen Freyheit, ist gleichsam die Construction jenes Begriffs, d. i. Darstellung desselben in einer reinen Anschauung a priori, nach der Analogie der Möglichkeit freyer Bewegungen der Körper unter dem Gesetze der Gleichheit der Wirkung und Gegenwirkung. So wie wir nun in der reinen Mathematik die Eigenschaften ihres Objects nicht unmittelbar vom Begriffe ableiten, sondern nur durch die Construction des Begriffs entdecken können, so ist es nicht sowohl der Begriff des Rechts, als vielmehr der, unter allgemeine Gesetze gebrachte, mit ihm zusammenstimmende durchgängig wechselseitige und gleiche Zwang, der die Darstellung jenes Begriffs möglich macht. Dieweil aber diesem dynamischen Begriffe noch ein bles formaler, in der reinen Mathematik (z. B. der Geometrie) zum Grunde liegt: so hat die Vernunft dafür gesorgt, den Verstand auch mit Anschauungen a priori, zum Behuf der Construction des Rechtsbegriffs, so viel möglich zu versorgen. — Das Rechte (rectum) wird, als das Gerade, theils dem Krummen, theils dem Schiefen entgegen gesetzt. Das erste ist die innere Beschaffenheit einer Linie von der Art, daß es zwischen zweyen gegebenen Puncten nur eine einzige, das zweyte aber die Lage zweyer einander durchschneidenden oder zusammenstoßenden Linien, von deren Art es auch nur eine einzige (die senkrechte) geben kann, die sich nicht mehr nach einer Seite, als der andern hinneigt, und die den Raum von beyden Seiten gleich abtheilt, nach welcher Analogie auch die Rechtslehre das Seine einem jeden (mit mathematischer Genauigkeit) bestimmt wissen will, welches in der Tugendlehre nicht erwartet werden darf, als welche einen gewissen

wissen Raum zu Ausnahmen (latitudinem) nicht verweigern kann. — Aber, ohne ins Gebiet der Ethik einzugreifen, giebt es zwey Fälle, die auf Rechtsentscheidung Anspruch machen, für die aber keiner, der sie entscheide, ausgefunden werden kann, und die gleichsam in Epikur's intermundia hingehören. — Diese müssen wir zuvörderst aus der eigentlichen Rechtslehre, zu der wir bald schreiten wollen, aussondern, damit ihre schwankenden Principien nicht auf die festen Grundsätze der erstern Einfluß bekommen.

Anhang

zur Einleitung in die Rechtslehre.

Vom zweydeutigen Recht.

(Ius aequivocum.)

Mit jedem Recht in enger Bedeutung (ius strictum), ist die Befugniß zu zwingen verbunden. Aber man denkt sich noch ein Recht im weiteren Sinne (ius latum), wo die Befugniß zu zwingen durch kein Gesetz bestimmt werden kann. —. Dieser, wahren oder vorgeblichen, Rechte sind nun zwey: die Billigkeit und das Nothrecht; von denen die erste ein Recht ohne Zwang, das zweyte einen Zwang ohne Recht annimmt, und man wird leicht gewahr, diese Doppelsinnigkeit beruhe eigentlich

lich darauf, daß es Fälle eines bezweifelten Rechts giebt, zu deren Entscheidung kein Richter aufgestellt werden kann.

I.
Die Billigkeit.
(Aequitas.)

Die Billigkeit (objectiv betrachtet) ist keineswegs ein Grund zur Aufforderung bloß an die ethetische Pflicht Anderer (ihr Wohlwollen und Gütigkeit), sondern der, welcher aus diesem Grunde etwas fordert, fußt sich auf sein Recht, nur daß ihm die für den Richter erforderlichen Bedingungen mangeln, nach welchen dieser bestimmen könnte, wie viel, oder auf welche Art dem Ansspruche desselben genug gethan werden könne. Der in einer auf gleiche Vortheile eingegangenen Mascopey dennoch mehr gethan, dabey aber wohl gar durch Unglücksfälle mehr verlohren hat, als die übrigen Glieder, kann nach der Billigkeit von der Gesellschaft mehr fordern, als bloß zu gleichen Theilen mit ihnen zu gehen. Allein nach dem eigentlichen (stricten) Recht, weil, wenn man sich in seinem Fall einen Richter denkt, dieser keine bestimmte Angaben (data) hat, um, wie viel nach dem Contract ihm zukomme, auszumachen, würde er mit seiner Foderung abzuweisen seyn. Der Hausdiener, dem sein bis zu Ende des Jahres laufender Lohn in einer binnen der Zeit verschlechterten Münzsorte bezahlt wird, womit er das nicht ausrichten kann, was er bey Schließung des Contracts sich dafür anschaffen konnte, kann bey gleichem

chem Zahlwerth, aber ungleichem Geldwerth, sich nicht auf sein Recht berufen, deshalb schadlos gehalten zu werden, sondern nur die Billigkeit zum Grunde anrufen (eine stumme Gottheit, die nicht gehöret werden kann); weil nichts hierüber im Contract bestimmt war, ein Richter aber nach unbestimmten Bedingungen nicht sprechen kann.

Hieraus folgt auch, daß ein Gerichtshof der Billigkeit, (in einem Streit Anderer über ihre Rechte) einen Widerspruch in sich schließe. Nur da, wo es die eigenen Rechte des Richters betrift, und in dem, worüber er für seine Person disponiren kann, darf und soll er der Billigkeit Gehör geben; z. B. wenn die Krone den Schaden, den Andre in ihrem Dienste erlitten haben, und den sie zu vergüten angeflehet wird, selber trägt, ob sie gleich, nach dem strengen Rechte, diesen Ausspruch, unter der Vorschützung, daß sie solche auf ihre eigene Gefahr übernommen haben, abweisen könnte.

Der Sinnspruch (dictum) der Billigkeit ist nun zwar: »das strengste Recht ist das größte Unrecht« (summum ius summa iniuria); aber diesem Uebel ist auf dem Wege Rechtens nicht abzuhelfen, ob es gleich eine Rechtsfoderung betrift, weil diese für das Gewissensgericht (forum poli) allein gehört, dagegen jede Frage Rechtens vor das bürgerliche Recht (forum poli) gezogen werden muß.

II.

Einleitung.

II.
Das Nothrecht.
(Ius necessitatis.)

Dieses vermeinte Recht soll eine Befugniß seyn, im Fall der Gefahr des Verlusts meines eignen Lebens, einem Anderen, der mir nichts zu Leide that, das Leben zu nehmen. Es fällt in die Augen, daß hierin ein Widerspruch der Rechtslehre mit sich selbst enthalten seyn müsse — denn es ist hier nicht von einem **ungerechten** Angreifer auf mein Leben, dem ich durch Beraubung des seinen zuvorkomme (ius inculpatae tutelae), die Rede, wo die Anempfehlung der Mäßigung (moderamen) nicht einmal zum Recht, sondern nur zur Ethik gehört, sondern von einer erlaubten Gewaltthätigkeit gegen den, der keine gegen mich ausübte.

Es ist klar: daß diese Behauptung nicht objectiv, nach dem was ein Gesetz verschreibt, sondern bloß subjectiv, wie vor Gericht die Sentenz gefället werden würde, zu verstehen sey. Es kann nämlich kein **Strafgesetz** geben, welches demjenigen den Tod zuerkennete, der im Schiffbruche mit einem Andern in gleicher Lebensgefahr schwebend, diesen von dem Brette, worauf er sich gerettet hat, wegstieße, um sich selbst zu retten. Denn die durchs Gesetz angedrohete Strafe könnte doch nicht größer seyn, als die des Verlust des Lebens des ersteren. Nun kann ein solches Strafgesetz die beabsichtigte Wirkung gar nicht haben; denn die Bedrohung mit einem Uebel, was noch **ungewiß** ist (dem Tode durch den

richter=

richterlichen Ausspruch), kann die Furcht vor dem Uebel, was gewiß ist (nämlich dem Ersaufen), nicht überwiegen. Also ist die That der gewaltthätigen Selbsterhaltung nicht etwa als unsträflich (inculpabile), sondern nur als unstrafbar (inpunibile) zu beurtheilen und diese subjective Straflosigkeit wird, durch eine wunderliche Verwechselung, von den Rechtslehrern für eine objective (Gesetzmäßigkeit) gehalten.

Der Sinnspruch des Nothrechts heißt: »Noth hat kein Gebot (necessitas non habet legem)«; und gleichwohl kann es keine Noth geben, welche, was unrecht ist, gesetzmäßig machte.

Man sieht: daß in beyden Rechtsbeurtheilungen (nach dem Billigkeits= und dem Nothrechte) die Doppelsinnigkeit (aequivocatio) aus der Verwechselung der objectiven mit den subjectiven Gründen der Rechtsausübung (vor der Vernunft und vor einem Gericht) entspringt, da dann, was jemand für sich selbst mit gutem Grunde für Recht erkennt, vor einem Gerichtshofe nicht Bestätigung finden, und, was er selbst an sich als unrecht beurtheilen muß, von eben demselben Nachsicht erlangen kann; weil der Begriff des Rechts in diesen zwey Fällen nicht in einerley Bedeutung ist genommen worden.

Einthei=

Einleitung.

Eintheilung der Rechtslehre.

A.
Allgemeine Eintheilung der Rechtspflichten.

Man kann diese Eintheilung sehr wohl nach dem Ulpian machen, wenn man seinen Formeln einen Sinn unterlegt, den er sich dabey zwar nicht deutlich gedacht haben mag, den sie aber doch verstatten daraus zu entwickeln, oder hinein zu legen. Sie sind folgende:

1) **Sey ein rechtlicher Mensch** (honeste vive). Die rechtliche Ehrbarkeit (honestas iuridica) bestehet darin: im Verhältnisse zu Anderen seinen Werth als den eines Menschen zu behaupten, welche Pflicht durch den Satz ausgedrückt wird: »mache dich anderen nicht zum bloßen Mittel, sondern sey für sie zugleich Zweck.« Diese Pflicht wird im folgenden als Verbindlichkeit aus dem Rechte der Menschheit in unserer eigenen Person erklärt werden (lex iusti).

2) **Thue niemanden Unrecht** (neminem laede) und solltest du darüber auch aus aller Verbindung mit andern herausgehen und alle Gesellschaft meiden müssen (Lex juridica).

3) **Tritt** (wenn du das letztere nicht vermeiden kannst) in eine Gesellschaft mit Andern, in welcher Jedem das Seine erhalten werden kann (suum cuique tribue) — Die letztere Formel, wenn sie so übersetzt würde: »gieb Jedem das Seine« würde eine Unge=

Ungereimtheit sagen; denn man kann niemanden etwas geben, was er schon hat. Wenn sie also einen Sinn haben soll, so müßte sie so lauten: »Tritt in einen Zustand, worin Jedermann das Seine gegen jeden Anderen gesichert seyn kann« (Lex justitiae).

Also sind obenstehende drey classische Formeln zugleich Eintheilungsprincipien des Systems der Rechtspflichten in innere, äußere und in diejenigen, welche die Ableitung der letztern vom Princip der erstern durch Subsumtion enthalten.

B.
Allgemeine Eintheilung der Rechte.

1) Der Rechte, als systematischer Lehren, in das Naturrecht, das auf lauter Principien a priori beruht, und das positive (statuarische) Recht, was aus dem Willen eines Gesetzgebers hervorgeht.

2. Der Rechte als (moralischer) Vermögen Andere zu verpflichten, d. i. als einen gesetzlichen Grund zu den letzteren (titulum), von denen die Obereintheilung die in das angebohrne und erworbene Recht ist, deren ersteres dasjenige Recht ist, welches, unabhängig von allem rechtlichen Act, jedermann von Natur zukommt; das zweyte, das wozu ein solcher Act erfordert wird.

Das

Einleitung.

Das angebohrne Mein und Dein kann auch das in=
nere (meum vel tuum internum) genannt werden;
denn das äußere muß jederzeit erworben werden.

Das angebohrne Recht
ist nur ein einziges.

Freyheit, (Unabhängigkeit von eines andern nö=
thigender Willkühr), sofern sie mit jedes anderen Freyheit
nach einem allgemeinen Gesetz zusammen bestehen kann, ist
dieses einzige, ursprüngliche, jedem Menschen, kraft seiner
Menschheit, zustehende Recht. — Die angebohrne Gleich=
heit, d. i. die Unabhängigkeit nicht zu mehreren von An=
deren verbunden zu werden, als wozu man sie wechselsei=
tig auch verbinden kann; mithin die Qualität des Menschen
sein eigener Herr (sui iuris) zu seyn, imgleichen die
eines unbescholtenen Menschen (iusti), weil er, vor
allem rechtlichen Act, keinem Unrecht gethan hat; endlich
auch die Befugniß, das gegen andere zu thun, was an
sich ihnen das Ihre nicht schmälert, wenn sie sich dessen
nur nicht annehmen wollen; dergleichen ist ihnen bloß seine
Gedanken mitzutheilen, ihnen etwas zu erzählen oder zu
versprechen, es sey wahr und aufrichtig, oder unwahr
und unaufrichtig (veriloquium aut falsiloquium),
weil es bloß auf Ihnen beruht, ob sie ihm glauben wol=
len oder nicht*); — Alle diese Befugnisse liegen schon im
Prin=

---

*) Vorsetzlich, wenn gleich blos leichtsinniger Weise,
Unwahrheit zu sagen, pflegt zwar gewöhnlich Lüge
(menda-

Princip der angebohrnen Freyheit, und sind wirklich von ihr nicht als Glieder der Eintheilung unter einem höheren Rechtsbegriff) unterscheiden.

Die Absicht, weswegen man eine solche Eintheilung in das System des Naturrechts (sofern es das angebohrne angeht) eingeführt hat, geht darauf hinaus, damit, wenn über ein erworbenes Recht ein Streit entsteht und die Frage eintritt, wem die Beweisführung (onus probandi) obliege, entweder von einer bezweifelten That, oder, wenn diese ausgemittelt ist, von einem bezweifelten Recht, derjenige, welcher diese Verbindlichkeit von sich ablehnt, sich auf sein angebohrnes Recht der Freyheit (wel-

(mendacium) genannt zu werden, weil sie wenigstens so fern auch schaden kann, daß der, welcher sie treuherzig nachsagt, als ein Leichtgläubiger anderen zum Gespötte wird. Im rechtlichen Sinne aber will man, daß nur diejenige Unwahrheit Lüge genannt werde, die einem anderen unmittelbar an seinem Rechte Abbruch thut, z. B. das falsche Vorgeben eines mit jemanden geschlossenen Vertrags, um ihn um das Seine zu bringen (falsiloquium dolosum) und dieser Unterschied sehr verwandter Begriffe ist nicht ungegründet; weil es bey der bloßen Erklärung seiner Gedanken immer dem andern frey bleibt, sie anzunehmen wofür er will, obgleich die gegründete Nachrede, daß dieser ein Mensch sey, dessen Reden man nicht glauben kann, so nahe an den Vorwurf, ihm einen Lügner zu nennen, streift, daß die Grenzlinie, die hier das was zum Jus gehört, von dem, was der Ethik anheim fällt, nur so eben zu unterscheiden ist.

(welches nun nach seinen verschiedenen Verhältnissen specificirt wird) methodisch und gleich als nach verschiedenen Rechtstiteln berufen könne.

Da es nun in Ansehung des angebohrnen, mithin innern Mein und Dein keine Rechte, sondern nur Ein Recht giebt, so wird diese Obereintheilung als aus zwey dem Inhalte nach äußerst ungleichen Gliedern bestehend in die Prolegomenen geworfen, und die Eintheilung der Rechtslehre bloß auf das äußere Mein und Dein bezogen werden können.

Eintheilung der Metaphysik der Sitten überhaupt.

I.

Alle Pflichten sind entweder Rechtspflichten (officia iuris), d. i. solche, für welche eine äußere Gesetzgebung möglich ist, oder Tugendpflichten (officia virtutis, f. ethica), für welche eine solche nicht möglich ist; die letztern können aber darum nur keiner äußern Gesetzgebung unterworfen werden, weil sie auf einen Zweck gehen, der (oder welchen zu haben) zugleich Pflicht ist; sich aber einen Zweck vorzusetzen, das kann durch keine äußerliche Gesetzgebung bewirket werden, (weil es ein innerer Act des Gemüths ist); obgleich äußere Handlungen geboten werden mögen, die dahin führen, ohne doch daß das Subject sie sich zum Zweck macht.

Warum wird aber die Sittenlehre (Moral) gewöhnlich (nahmentlich vom Cicero) die Lehre von den Pflichten und nicht auch von den Rechten betitelt? da doch die einen sich auf die andern beziehen. — Der Grund ist dieser: Wir kennen unsere eigene Freyheit (von der alle moralische Gesetze, mithin auch alle Rechte sowohl als Pflichten ausgehen) nur durch den moralischen Imperativ, welcher ein pflichtgebietender Satz ist, aus welchem nachher das Vermögen, andere zu verpflichten, d. i. der Begriff des Rechts, entwickelt werden kann.

II.

Da in der Lehre von den Pflichten der Mensch nach der Eigenschaft seines Freyheitsvermögens, welches ganz übersinnlich ist, also auch bloß nach seiner Menschheit, als von physischen Bestimmungen unabhängiger Persönlichkeit (homo noumenon), vorgestellt werden kann und soll, zum Unterschiede von eben demselben, aber als mit jenen Bestimmungen behafteten Subject, dem Menschen (homo phaenomenon), so werden Recht und Zweck wiederum in dieser zwiefachen Eigenschaft auf die Pflicht bezogen, folgende Eintheilung geben.

Einleitung.

Eintheilung
nach dem objectiven Verhältnisse des Gesetzes zur Pflicht.

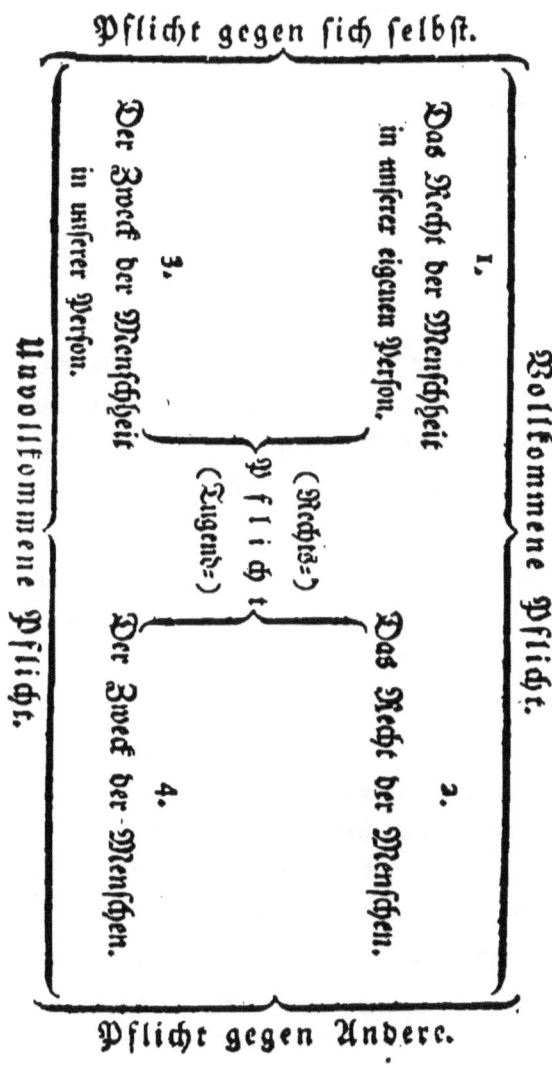

Einleitung.

III.

Da die Subjecte, in Ansehung deren ein Verhältniß des Rechts zur Pflicht (es sey statthaft oder unstatthaft) gedacht wird, verschiedene Beziehungen zulassen; so wird auch in dieser Absicht eine Eintheilung vorgenommen werden können.

Eintheilung
nach dem subjectiven Verhältniß der Verpflichtenden und Verpflichteten.

1.
Das rechtliche Verhältniß des Menschen zu Wesen, die weder Recht noch Pflicht haben.

Vacat.

Denn das sind vernunftlose Wesen, die weder uns verbinden, noch von welchen wir können verbunden werden.

2.
Das rechtliche Verhältniß des Menschen zu Wesen, die sowohl Recht als Pflicht haben.

Adest.

Denn es ist ein Verhältniß von Menschen zu Menschen.

3.
Das rechtliche Verhältniß des Menschen zu Wesen, die lauter Pflichten und keine Rechte haben.

Vacat.

Denn das wären Menschen ohne Persönlichkeit, (Leibeigene, Sclaven.)

4.
Das rechtliche Verhältniß des Menschen zu einem Wesen, was lauter Rechte und keine Pflicht hat. (Gott)

Vacat.

Nämlich in der bloßen Philosophie, weil es kein Gegenstand möglicher Erfahrung ist.

Also

Einleitung.

Also findet sich nur in No. 2. ein reales Verhältniß zwischen Recht und Pflicht. Der Grund, warum es nicht auch in No. 4 angetroffen wird, ist: weil es eine transscendente Pflicht seyn würde, d. i. eine solche, der kein äußeres verpflichtendes Subject correspondirend gegeben werden kann, mithin das Verhältniß in theoretischer Rücksicht hier nur ideal, d. i. zu einem Gedankendinge ist, was wir uns selbst, aber doch nicht durch seinen ganz leeren, sondern, in Beziehung auf uns selbst und die Maximen der inneren Sittlichkeit, mithin in practischer innerer Absicht, fruchtbaren Begriff, machen, worin denn auch unsere ganze immanente (ausführbare) Pflicht in diesem blos gedachten Verhältnisse allein besteht.

Von der Eintheilung der Moral, als eines Systems der Pflichten überhaupt.

Elementarlehre.   Methodenlehre.
Rechtspflichten. Tugendpflichten.   Didaktik. Ascetik.
Privatrecht.   öffentliches R.,
           und so weiter, alles,

was nicht blos die Materialien, sondern auch die architectonische Form einer wissenschaftlichen Sittenlehre enthält; wenn dazu die metaphysischen Anfangsgründe die allgemeinen Principien vollständig ausgespürt haben.

Die oberste Eintheilung des Naturrechts kann nicht (wie bisweilen geschieht) die in das natürliche und gesellschaftliche, sondern muß die ins natürliche und bürgerliche Recht seyn: deren das erstere das Privatrecht, das zweyte das öffentliche Recht genannt wird. Denn dem Naturzustande ist nicht der gesellschaftliche, sondern der bürgerliche entgegengesetzt; weil es in jenem zwar gar wohl Gesellschaft geben kann, aber nur keine bürgerliche (durch öffentliche Gesetze das Mein und Dein sichernde), daher das Recht in dem ersteren das Privatrecht heißt.

Der Rechtslehre
Erster Theil.

Das Privatrecht.

Der
allgemeinen Rechtslehre
Erster Theil.

Das Privatrecht
vom äußeren Mein und Dein überhaupt.

Erstes Hauptstück.
Von der Art etwas Aeußeres als das Seine zu haben.

§. 1.

Das Rechtlich=Meine (meum juris) ist dasjenige, womit ich so verbunden bin, daß der Gebrauch, den ein Anderer ohne meine Einwilligung von ihm machen möchte, mich lädiren würde. Die subjective Bedingung der Möglichkeit des Gebrauchs überhaupt ist der Besitz.

Etwas Aeußeres aber würde nur dann das Meine seyn, wenn ich annehmen darf, es sey möglich, daß ich durch den Gebrauch, den ein anderer von einer Sache

Sache macht, in deren Besitz ich doch nicht bin, gleichwohl doch lädirt werden könne. — Also widerspricht es sich selbst, etwas Aeußeres als das Seine zu haben, wenn der Begrif des Besitzes nicht einer verschiedenen Bedeutung, nämlich des **sinnlichen** und des **intelligibeln** Besitzes, fähig wäre, und unter dem einen der **physische**, unter dem andern ein bloß**rechtlicher** Besitz ebendesselben Gegenstandes verstanden werden könnte.

Der Ausdruck: ein Gegenstand ist außer mir, kann aber entweder so viel bedeuten, als: er ist ein nur von mir (dem Subject) **unterschiedener**, oder auch ein in einer **anderen Stelle** (positus), im Raum oder in der Zeit, befindlicher Gegenstand. Nur in der erstern Bedeutung genommen, kann der Besitz als Vernunftbesitz gedacht werden; in der zweyten aber würde er ein empirischer heißen müssen. — Ein intelligibler Besitz (wenn ein solcher möglich ist), ist ein Besitz ohne **Inhabung** (detentio).

§. 2.

Rechtliches Postulat der practischen Vernunft.

Es ist möglich, einen jeden äußern Gegenstand meiner Willkühr als das Meine zu haben; d. i.: eine Maxime, nach welcher, wenn sie Gesetz würde, ein Gegenstand der Willkühr an sich (objectiv) **herrenlos** (res nullius) werden müßte, ist rechtswidrig.

Denn

Denn ein Gegenstand meiner Willkühr ist etwas, was zu gebrauchen ich physisch in meiner Macht habe. Sollte es nun doch rechtlich schlechterdings nicht in meiner Macht stehen, d. i. mit der Freyheit von jedermann nach einem allgemeinen Gesetz nicht zusammen bestehen können (unrecht seyn), Gebrauch von demselben zu machen; so würde die Freyheit sich selbst des Gebrauchs ihrer Willkühr in Ansehung eines Gegenstandes derselben berauben, dadurch, daß sie brauchbare Gegenstände außer aller Möglichkeit des Gebrauchs setzte: d. i. diese in practischer Rücksicht vernichtete, und zur res nullius machte; obgleich die Willkühr, formaliter, im Gebrauche der Sachen mit jedermanns äußerer Freyheit nach allgemeinen Gesetzen zusammenstimmete. — Da nun die reine practische Vernunft keine andere als formelle Gesetze des Gebrauchs der Willkühr zum Grunde legt, und also von der Materie der Willkühr, d. i. der übrigen Beschaffenheit des Objekts, wenn es nur ein Gegenstand der Willkühr ist, abstrahirt, so kann sie in Ansehung eines solchen Gegenstandes kein absolutes Verbot seines Gebrauchs enthalten, weil dieses ein Widerspruch der äußeren Freyheit mit sich selbst seyn würde. — Ein Gegenstand meiner Willkühr aber ist das, wovon beliebigen Gebrauch zu machen ich das physische Vermögen habe, dessen Gebrauch in meiner Macht (potentia) steht: wovon noch unterschieden werden muß, denselben Gegenstand in meiner Gewalt (in potestatem meam redactum) zu haben, welches nicht bloß ein Vermögen, sondern auch einen Act der Willkühr voraus setzt. Um aber etwas

was bloß als Gegenstand meiner Willkühr zu denken, ist hinreichend, mir bewußt zu seyn, daß ich ihn in meiner Macht habe. — Also ist es eine Voraussetzung a priori der practischen Vernunft einen jeden Gegenstand meiner Willkühr als objectiv-mögliches Mein oder Dein anzusehen und zu behandeln.

Man kann dieses Postulat ein Erlaubnißgesetz (lex permissiua) der practischen Vernunft nennen, was uns die Befugniß giebt, die wir aus bloßen Begriffen vom Rechte überhaupt nicht herausbringen könnten; nämlich allen andern eine Verbindlichkeit aufzulegen, die sie sonst nicht hätten, sich des Gebrauchs gewisser Gegenstände unserer Willkühr zu enthalten, weil wir zuerst sie in unseren Besitz genommen haben. Die Vernunft will, daß dieses als Grundsatz gelte, und das zwar als practische Vernunft, die sich durch dieses ihr Postulat a priori erweitert.

§. 3.

Im Besitze eines Gegenstandes muß derjenige seyn, der eine Sache als das Seine zu haben behaupten will; denn wäre er nicht in demselben: so könnte er nicht durch den Gebrauch, den der andere ohne seine Einwilligung davon macht, lädirt werden; weil, wenn diesen Gegenstand etwas außer ihm, was mit ihm gar nicht rechtlich verbunden ist, afficirt, ihn selbst (das Subject) nicht afficiren und ihm unrecht thun könnte.

§. 4.

etwas Aeußeres als das Seine zu haben. 59

§. 4.

Exposition des Begrifs vom äußeren Mein und Dein

Der äußeren Gegenstände meiner Willkühr können nur drey seyn: 1) eine (körperliche) Sache außer mir; 2) die Willkühr eines anderen zu einer bestimmten That (praestatio); 3) der Zustand eines Anderen im Verhältnisse auf mich; nach den Categorien der Substanz, Caussalität, und Gemeinschaft zwischen mir und äußeren Gegenständen nach Freyheitsgesetzen.

a) Ich kann einen Gegenstand im Raume (eine körperliche Sache) nicht mein nennen, außer wenn, obgleich ich nicht im physischen Besitz desselben bin, ich dennoch in einem anderen wirklichen (also nicht physischen) Besitz desselben zu seyn behaupten darf. — So werde ich einen Apfel nicht darum mein nennen, weil ich ihn in meiner Hand habe (physisch besitze), sondern nur, wenn ich sagen kann: ich besitze ihn, ob ich ihn gleich aus meiner Hand, wohin es auch sey, gelegt habe; imgleichen werde ich von dem Boden, auf den ich mich gelagert habe, nicht sagen können, er sey darum mein; sondern nur, wenn ich behaupten darf, er sey immer noch in meinem Besitz, ob ich gleich diesen Platz verlassen habe. Denn der, welcher mir im erstern Falle (des empirischen Besitzes) den Apfel aus der Hand winden, oder mich von meiner Lagerstäte wegschleppen wollte, würde mich zwar freylich in Ansehung des inneren

Meinen

Meinen (der Freyheit), aber nicht des äußeren Meinen lädiren, wenn ich nicht, auch ohne Inhabung, mich im Besitz des Gegenstandes zu seyn behaupten könnte; ich könnte also diese Gegenstände (den Apfel und das Lager) auch nicht mein nennen.

b) Ich kann die Leistung von etwas durch die Willkühr des andern nicht mein nennen, wenn ich bloß sagen kann, sie sey mit meinem Versprechen zugleich (pactum re initum) in meinen Besitz gekommen, sondern nur, wenn ich behaupten darf, ich bin im Besitz der Willkühr des Andern (diesen zur Leistung zu bestimmen), obgleich die Zeit der Leistung noch erst kommen soll; das Versprechen des letzteren gehört demnach zur Haabe und Gut (obligatio actiua) und ich kann sie zu dem Meinen rechnen, aber nicht bloß, wenn ich das Versprochene (wie im ersten Falle) schon in meinem Besitz habe, sondern auch, ob ich dieses gleich noch nicht besitze. Also muß ich mich, als von dem auf Zeitbedingung eingeschränkten, mithin vom empirischen Besitze, unabhängig, doch im Besitz dieses Gegenstandes zu seyn denken können.

c) Ich kann ein Weib, ein Kind, ein Gesinde, und überhaupt eine andere Person nicht darum das Meine nennen, weil ich sie jetzt als zu meinem Hauswesen gehörig, befehlige, oder im Zwinger und in meiner Gewalt und Besitz habe, sondern wenn ich, ob sie sich gleich dem Zwange entzogen haben, und ich sie also nicht (empirisch) besitze, dennoch sagen kann, ich besitze sie durch meinen bloßen Willen, so lange sie irgendwo oder irgendwenn existiren, mithin bloß=rechtlich; sie gehören also zu meiner Haabe nur alsdann, wenn und so fern ich das Letztere behaupten kann.

§. 5.

Definition des Begrifs des äußeren Mein und Dein.

Die Namenerklärung, d.i. diejenige, welche bloß zur Unterscheidung des Objects von allen andern zureicht und aus einer vollständigen und bestimmten Exposition des Begrifs hervorgeht, würde seyn: Das äußere Meine ist dasjenige außer mir, an dessen mir beliebigen Gebrauch mich zu hindern Läsion (Abbruch an meiner Freyheit, die mit der Freyheit von Jedermann nach einem allgemeinen Gesetze zusammen bestehen kann) seyn würde. — Die Sacherklärung dieses Begrifs aber, d. i. die, welche auch zur Deduction desselben (der Erkenntniß der Möglichkeit des Gegenstandes) zureicht, lautet nun so: Das äußere Meine ist dasjenige, in dessen Gebrauch mich zu stöhren Läsion seyn würde, ob ich gleich nicht im Besitz desselben (nicht Inhaber des Gegenstandes) bin. — In irgend einem Besitz des äußeren Gegenstandes muß ich seyn, wenn der Gegenstand mein heißen soll; denn sonst würde der, welcher diesen

Gegenstand wider meinen Willen afficirte, mich nicht zugleich afficiren, mithin auch nicht lädiren. Also muß, zu Folge des §. 4., ein intelligibler Besitz (possessio noumenon) als möglich vorausgesetzt werden, wenn es ein äußeres Mein oder Dein geben soll; der empirische Besitz (Inhabung) ist alsdann nur Besitz in der Erscheinung (possessio phaenomenon), obgleich der Gegenstand, den ich besitze, hier nicht so, wie es in der transcendentalen Analitik geschieht, selbst als Erscheinung, sondern als Sache an sich selbst betrachtet wird; denn dort war es der Vernunft um das theoretische Erkenntniß der Natur der Dinge, und, wie weit sie reichen könne; hier aber ist es ihr um practische Bestimmung der Willkühr nach Gesetzen der Freyheit zu thun, der Gegenstand mag nun durch Sinne, oder auch bloß den reinen Verstand erkennbar seyn, und das Recht ist ein solcher reiner practischer Vernunftbegrif der Willkühr unter Freyheitsgesetzen.

Eben darum sollte man auch billig nicht sagen: ein Recht auf diesen oder jenen Gegenstand, sondern vielmehr ihn bloß=rechtlich besitzen; denn das Recht ist schon ein intellectueller Besitz eines Gegenstandes, einen Besitz aber zu besitzen, würde ein Ausdruck ohne Sinn seyn.

§. 6.

§. 6.
Deduction des Begrifs des blos=rechtlichen Besitzes eines äußeren Gegenstandes (possessio noumenon).

Die Frage: wie ist ein äußeres Mein und Dein möglich? löst sich nun in diejenige auf: wie ist ein **blos=rechtlicher** (intelligibler) **Besitz** möglich? und diese wiederum in die dritte: wie ist ein **synthetischer Rechtssatz a priori** möglich?

Alle Rechtssätze sind Sätze a priori, denn sie sind Vernunftgesetze (dictamina rationis). Der Rechtssatz a priori in Ansehung des empirischen Besitzes ist **analytisch**; denn er sagt nichts mehr, als was nach dem Satze des Widerspruchs aus dem letzteren folgt, daß nämlich, wenn ich Inhaber einer Sache (mit ihr also physisch verbunden) bin, derjenige, der sie wider meine Einwilligung afficirt, (z. B. mir den Apfel aus der Hand reißt) das innere Meine (meine Freyheit) afficire und schmälere, mithin in seiner Maxime mit dem Axiom des Rechts im geraden Widerspruch stehe. Der Satz von einem empirischen rechtmäßigen Besitz geht also nicht über das Recht einer Person in Ansehung ihrer selbst hinaus.

Dagegen geht der Satz: von der Möglichkeit des Besitzes einer Sache außer mir, nach Absonderung aller Bedingungen des empirischen Besitzes im Raum und Zeit, (mithin die Voraussetzung der Möglichkeit einer possessio noumenon) über jene einschränkende Bedingungen hinaus

aus, und, weil er einen Besitz auch ohne Inhabung als nothwendig zum Begriffe des äußeren Mein und Dein statuirt, so ist er synthetisch und nun kann es zur Aufgabe für die Vernunft dienen, zu zeigen, wie ein solcher sich über den Begrif des empirischen Besitzes erweiternde Satz a priori möglich sey.

Auf solche Weise ist z. B. die Besitzung eines absonderlichen Bodens ein Act der Privatwillkühr, ohne doch eigenmächtig zu seyn. Der Besitzer fundirt sich auf dem angebohrnen Gemeinbesitze des Erdbodens und dem diesem a priori entsprechenden allgemeinen Willen eines erlaubten Privatbesitzes auf demselben (weil ledige Sachen sonst an sich und nach einem Gesetze zu herrenlosen Dingen gemacht werden würden) und erwirbt durch die erste Besitzung ursprünglich einen bestimmten Boden, indem er jedem andern mit Recht (iure) widersteht, der ihn im Privatgebrauche desselben hindern würde, obzwar als im natürlichen Zustande nicht von rechtswegen (de iure), weil in demselben noch kein öffentliches Gesetz existirt.

Wenn auch gleich ein Boden als frey, d. i. zu jedermanns Gebrauch offen angesehen, oder dafür erklärt würde, so kann man doch nicht sagen, daß er es von Natur und ursprünglich, vor allem rechtlichem Act, frey sey. Denn auch das wäre ein Verhältniß zu Sachen, nämlich dem Boden, der jedermann seinen Besitz verweigerte, sondern, weil diese Freyheit des Bodens ein Verbot für jedermann seyn würde sich desselben zu bedienen;

nen; wozu ein gemeinsamer Besitz desselben erfordert wird, der ohne Vertrag nicht statt finden kann. Ein Boden aber, der nur durch diesen frey seyn kann, muß wirklich im Besitze aller derer (zusammen verbundenen) seyn, die sich wechselseitig den Gebrauch desselben untersagen, oder ihn suspendiren.

Diese ursprüngliche Gemeinschaft des Bodens, und hiemit auch der Sachen auf demselben (communio fundi originaria), ist eine Idee, welche objective (rechtlich-practische) Realität hat, und ist ganz und gar von der uranfänglichen (communio primaeua) unterschieden, welche eine Erdichtung ist; weil diese eine gestiftete Gemeinschaft hätte seyn und aus einem Vertrage hervorgehen müssen, durch den alle auf den Privatbesitz Verzicht gethan, und ein jeder, durch die Vereinigung seiner Besitzung mit der jedes Andern, jenen in einen Gesammtbesitz verwandelt habe, und davon müßte uns die Geschichte einen Beweis geben. Ein solches Verfahren aber als ursprüngliche Besitznehmung anzusehen, und daß darauf jedes Menschen besonderer Besitz habe gegründet werden können und sollen, ist ein Widerspruch.

Von dem Besitz (possessio) ist noch der Sitz (sedes) und von der Besitznehmung des Bodens, in der Absicht ihn dereinst zu erwerben, ist noch die Niederlassung, Ansiedelung (incolatus) unterschieden, welche ein fortdauernder Privatbesitz eines Platzes ist, der von der Gegenwart des Subjects auf demselben abhängt. Von einer Niederlassung als einem zweyten rechtlichen Act, der auf die Besitznehmung folgen, oder auch ganz unterbleiben kann, ist hier nicht die Rede; weil sie kein ursprünglicher, sondern von der Beistimmung Anderer abgeleiteter Besitz seyn würde.

Der bloße physische Besitz (die Inhabung) des Bodens, ist schon ein Recht in einer Sache, obzwar freylich noch nicht hinreichend, ihn als das Meine anzusehen. Beziehungsweise auf Andere ist er, als (so viel man weiß) erster Besitz, mit dem Gesetze der äußern Freyheit einstimmig, und zugleich in dem ursprünglichen Gesammtbesitz enthalten, der a priori den Grund der Möglichkeit eines Privatbesitzes enthält; mithin den ersten Inhaber eines Bodens in seinem Gebrauch desselben zu stöhren, eine Läsion. Die erste Besitznehmung hat also einen Rechtsgrund (titulus possessionis) für sich, welcher der ursprünglich gemeinsame Besitz ist, und der Satz: wohl dem, der im Besitz ist (beati possidentes)! weil Niemand verbunden ist, seinen Besitz zu beurkunden, ist ein Grundsatz des natürlichen Rechts, der die rechtliche Besitznehmung als einen Grund zur Erwerbung aufstellt, auf den sich jeder erste Besitzer stützen kann.

In einem theoretischen Grundsatze a priori müßte nämlich, (zu Folge der Crit. der r. V.) dem gegebenen Begrif eine Anschauung a priori untergelegt, mithin etwas zu dem Begriffe vom Besitz des Gegenstandes hinzugethan werden; allein in diesem practischen wird umgekehrt verfahren und alle Bedingungen der Anschauung, welche den empirischen Besitz begründen, müssen weggeschafft (von ihnen abgesehen) werden, um den Begrif des Besitzes über

den

etwas Aeußeres, als das Seine zu haben.

den empirischen hinaus zu erweitern und sagen zu können: ein jeder äußere Gegenstand der Willkühr kann zu dem rechtlich-Meinen gezählt werden, den ich (und auch nur so fern ich ihn) in meiner Gewalt habe, ohne im Besitz desselben zu seyn.

Die Möglichkeit eines solchen Besitzes, mithin die Deduction des Begriffs eines nicht-empirischen Besitzes, gründet sich auf dem rechtlichen Postulat der practischen Vernunft; »daß es Rechtspflicht sey, gegen Andere so zu handeln, daß das Aeußere (Brauchbare) auch das Seine von irgend jemanden werden könne,« zugleich mit der Exposition des letzteren Begriffs, welcher das äußere Seine auf einen nicht-physischen Besitz gründet, verbunden. Die Möglichkeit des letzteren kann keinesweges für sich selbst bewiesen, oder eingesehen werden, (eben weil es ein Vernunftbegrif ist, dem keine Anschauung gegeben werden kann), sondern ist eine unmittelbare Folge aus dem gedachten Postulat. Denn, wenn es nothwendig ist nach jenem Rechtsgrundsatze zu handeln, so muß auch die intelligibele Bedingung (eines bloß-rechtlichen Besitzes) möglich seyn. — Es darf auch niemand befremden, daß die theorethischen Principien des äußeren Mein und Dein sich im Intelligibelen verlieren und kein erweitertes Erkenntniß vorstellen, weil der Begriff der Freyheit, auf dem sie beruhen, keiner theoretischen Deduction seiner Möglichkeit fähig ist, und nur aus dem practischen Gesetze der Vernunft (dem categorischen Imperativ), als einem Factum derselben, geschlossen werden kann.

§. 7.

Anwendung des Princips der Möglichkeit des äußeren Mein und Dein auf Gegenstände der Erfahrung.

Der Begrif eines blos-rechtlichen Besitzes ist kein empirischer (von Raum und Zeitbedingungen abhängiger) Begrif, und gleichwohl hat er practische Realität, d. i. er muß auf Gegenstände der Erfahrung, deren Erkenntniß von jenen Bedingungen unabhängig ist, anwendbar seyn. — Das Verfahren mit dem Rechtsbegriffe in Ansehung der letzteren, als des möglichen äußeren Mein und Dein, ist folgendes: Der Rechtsbegrif, der blos in der Vernunft liegt, kann nicht unmittelbar auf Erfahrungsobjecte, und auf den Begrif eines empirischen Besitzes, sondern muß zunächst auf den reinen Verstandesbegrif eines Besitzes überhaupt angewandt werden, so daß, statt der Inhabung (detentio), als einer empirischen Vorstellung des Besitzes, der von allen Raumes- und Zeitbedingungen abstrahirende Begriff des Habens, und nur daß der Gegenstand als in meiner Gewalt (in potestate mea politum esse) sey, gedacht werde; da dann der Ausdruck des Aeußeren nicht das Daseyn in einem anderen Orte, als wo ich bin, oder meiner Willensentschließung und Annahme als in einer anderen Zeit, wie der des Angebots, sondern nur einen von mir unterschiedenen Gegenstand bedeutet. Nun will die practische Vernunft durch ihr Rechtsgesetz, daß ich das Mein und Dein in der Anwendung auf Gegenstände nicht nach sinnlichen Bedingungen, sondern abgesehen

hen von demselben, weil es eine Bestimmung der Willkühr nach Freyheitsgesetzen betrift, auch den Besitz desselben denke, indem nur ein Verstandesbegrif unter Rechtsbegriffe subsumirt werden kann. Also werde ich sagen: ich besitze einen Acker, ob er zwar ein ganz anderer Platz ist, als worauf ich mich wirklich befinde. Denn die Rede ist hier nur von einem intellectuellen Verhältniß zum Gegenstande, so fern ich ihn in meiner Gewalt habe, (ein von Raumesbestimmungen unabhängiger Verstandesbegrif des Besitzes) und er ist mein, weil mein zu desselben beliebigem Gebrauch sich bestimmender, Wille dem Gesetze der äußeren Freyheit nicht widerstreitet. Gerade darin: daß, abgesehen vom Besitz in der Erscheinung (der Inhabung) dieses Gegenstandes meiner Willkühr, die practische Vernunft den Besitz nach Verstandesbegriffen, nicht nach empirischen, sondern solchen, die a priori die Bedingungen desselben enthalten können, gedacht wissen will, liegt der Grund der Gültigkeit eines solchen Begriffs vom Besitze (possessio noumenon) als einer allgemeingeltenden Gesetzgebung; denn eine solche ist in dem Ausdrucke enthalten: »dieser äußere Gegenstand ist mein;« weil allen andern dadurch eine Verbindlichkeit auferlegt wird, die sie sonst nicht hätten, sich des Gebrauchs desselben zu enthalten.

Die Art also, etwas außer mir als das Meine zu haben, ist die blos=rechtliche Verbindung des Willens des Subjects mit jenem Gegenstande, unabhängig von dem Verhältnisse zu demselben im Raum und in der Zeit, nach

dem

dem Begrif eines intelligibelen Besitzes. — Ein Platz auf der Erde ist nicht darum ein äußeres Meine, weil ich ihn mit meinem Leibe einnehme (denn es betrift hier nur meine äußere Freyheit, mithin nur den Besitz meiner selbst, kein Ding außer mir, und ist also nur ein inneres Recht); sondern, wenn ich ihn noch besitze, ob ich mich gleich von ihm weg und an einen andern Ort begeben habe, nur alsdann betrift es mein äußeres Recht, und derjenige, der die fortwährende Besetzung dieses Platzes durch meine Person zur Bedingung machen wollte, ihn als das Meine zu haben, muß entweder behaupten, es sey gar nicht möglich, etwas Aeußeres als das Seine zu haben (welches dem Postulat §. 2. widerstreitet), oder er verlangt, daß, um dieses zu können, ich in zwey Orten zugleich sey; welches dann aber so viel sagt, als: ich solle an einem Orte seyn und auch nicht seyn, wodurch er sich selbst widerspricht.

Dieses kann auch auf den Fall angewendet werden, da ich ein Versprechen acceptirt habe; denn da wird meine Haabe und Besitz an dem Versprochenen dadurch nicht aufgehoben, daß der Versprechende zu einer Zeit sagte: diese Sache soll Dein seyn, eine Zeit hernach aber von ebenderselben Sache sagt: ich will jetzt, die Sache solle nicht Dein seyn. Denn es hat mit solchen intellectuellen Verhältnissen die Bewandniß, als ob jener ohne eine Zeit zwischen beyden Declarationen seines Willens gesagt hätte, sie soll Dein seyn, und auch sie soll nicht Dein seyn, was sich dann selbst widerspricht.

Eben=

etwas Aeußeres als das Seine zu haben.

Ebendasselbe gilt auch von dem Begriffe des rechtlichen Besitzes einer Person, als zu der Haabe des Subjects gehörend (sein Weib, Kind, Knecht,): daß nämlich diese häusliche Gemeinschaft und der wechselseitige Besitz des Zustandes aller Glieder derselben, durch die Befugniß sich örtlich von einander zu trennen, nicht aufgehoben wird; weil es ein rechtliches Verhältniß ist, was sie verknüpft, und das äußere Mein und Dein hier, eben so wie in vorigen Fällen, gänzlich auf der Voraussetzung der Möglichkeit eines reinen Vernunftbesitzes ohne Inhabung beruht.

Zur Critik der rechtlich-practischen Vernunft im Begriffe des äußeren Mein und Dein, wird diese eigentlich durch eine Antinomie der Sätze über die Möglichkeit eines solchen Besitzes genöthigt, d. i. nur durch eine unvermeidliche Dialectik, in welcher Thesis und Antithesis beyde auf die Gültigkeit zweyer einander widerstreitenden Bedingungen gleichen Anspruch machen, wird die Vernunft auch in ihrem practischen (das Recht betreffenden) Gebrauch genöthigt, zwischen dem Besitz als Erscheinung und dem bloß durch den Verstand denkbaren einen Unterschied zu machen.

Der Satz heißt: Es ist möglich, etwas Aeußeres als das Meine zu haben; ob ich gleich nicht im Besitz desselben bin.

Der Gegensatz: Es ist nicht möglich, etwas Aeußeres als das Meine zu haben; wenn ich nicht im Besitz desselben bin.

Auflösung: Beyde Sätze sind wahr: der erstere, wenn ich den empirischen Besitz (possessio phaenomenon), der andere, wenn ich unter diesem Worte den reinen intelligibelen Besitz possessio noumenon) verstehe. — Aber die Möglichkeit eines intelligibelen Besitzes, mithin auch des äußeren Mein und Dein läßt sich nicht einsehen, sondern muß aus dem Postulat der practischen Vernunft gefolgert werden, wobei es noch besonders merkwürdig ist: daß diese, ohne Anschauungen selbst, ohne einer a priori zu bedürfen, sich durch bloße, vom Gesetze der Freyheit berechtigte, Weglassung empirischer Bedingungen erweitere und so synthetische Rechtssätze a priori aufstellen kann, deren Beweis (wie bald gezeigt werden soll) nachher in practischer Rücksicht auf analytische Art geführt werden kann.

§. 8.

Etwas Aeußeres als das Seine zu haben, ist nur in einem rechtlichen Zustande, unter einer öffentlich-gesetzgebenden Gewalt, d. i. im bürgerlichen Zustande, möglich.

Wenn ich (wörtlich oder durch die That) erkläre, ich will, daß etwas Aeusseres das Meine seyn solle, so erkläre ich jedem Anderen für verbindlich, sich des Gegenstandes meiner Willkühr zu enthalten: eine Verbindlichkeit, die niemand ohne diesen meinen rechtlichen Act haben würde. In dieser Anmaßung aber liegt zugleich das Bekenntniß: jedem Anderen in Ansehung des äußeren Seinen wechselseitig zu einer gleichmäßigen Enthaltung verbunden zu seyn; denn die Verbindlichkeit geht hier aus einer allgemeinen Regel des äußeren rechtlichen Verhältnisses

nisses hervor. Ich bin also nicht verbunden, das äußere Seine des Anderen unangetastet zu lassen, wenn mich nicht jeder Andere dagegen auch sicher stellt, er werde in Ansehung des Meinigen sich nach ebendemselben Princip verhalten; welche Sicherstellung gar nicht eines besonderen rechtlichen Acts bedarf, sondern schon im Begriffe einer äußeren rechtlichen Verpflichtung, wegen der Allgemeinheit, mithin auch der Reciprocität der Verbindlichkeit aus einer allgemeinen Regel, enthalten ist. — Nun kann der einseitige Wille in Ansehung eines äußeren, mithin zufälligen, Besitzes nicht zum Zwangsgesetz für jedermann dienen, weil das der Freyheit nach allgemeinen Gesetzen Abbruch thun würde. Also ist nur ein jeden anderen verbindender, mithin collectiv-allgemeiner (gemeinsamer) und machthabender Wille, derjenige, welcher jedermann jene Sicherheit leisten kann. — Der Zustand aber unter einer allgemeinen äußeren (d. i. öffentlichen) mit Macht begleiteten Gesetzgebung, ist der Bürgerliche. Also kann es nur im bürgerlichen Zustande ein äußeres Mein und Dein geben.

Folgesatz: Wenn es rechtlich möglich seyn muß, einen äußeren Gegenstand als das Seine zu haben: so muß es auch dem Subject erlaubt seyn, jeden Anderen, mit dem es zum Streit des Mein und Dein über ein solches Object kommt, zu nöthigen, mit ihm zusammen in eine bürgerliche Verfassung zu treten.

§. 9.

§. 9.

Im Naturzustande kann doch ein wirkliches, aber nur provisorisches äußeres Mein und Dein statt haben.

Das Naturrecht im Zustande einer bürgerlichen Verfassung (d. i. dasjenige, was für die letztere aus Principien a priori abgeleitet werden kann) kann durch die statutarischen Gesetze der letzteren nicht Abbruch leiden, und so bleibt das rechtliche Princip in Kraft: »der, welcher nach einer Maxime verfährt, nach der es unmöglich wird, einen Gegenstand meiner Willkühr als das Meine zu haben, lädirt mich; denn bürgerliche Verfassung ist allein der rechtliche Zustand, durch welchen jedem das Seine nur gesichert, eigentlich aber nicht ausgemacht und bestimmt wird. — Alle Garantie setzt also das Seine von jemanden (dem es gesichert wird) schon voraus. Mithin muß vor der bürgerlichen Verfassung (oder von ihr abgesehen) ein äußeres Mein und Dein als möglich angenommen werden, und zugleich ein Recht, jedermann, mit dem wir irgend auf eine Art in Verkehr kommen könnten, zu nöthigen, mit uns in eine Verfassung zusammen zu treten, worin jenes gesichert werden kann. — Ein Besitz in Erwartung und Vorbereitung eines solchen Zustandes, der allein auf einem Gesetz des gemeinsamen Willens gegründet werden kann, der also zu der Möglichkeit des Letzteren zusammenstimmt, ist ein provisorisch-rechtlicher Besitz, wogegen derjenige, der in einem solchen wirklichen Zustande angetroffen wird, ein peremtorischer Besitz seyn würde. — Vor dem Eintritt

etwas Aeußeres als das Seine zu haben.

tritt in diesen Zustand, zu dem das Subject bereit ist, widersteht er denen mit Recht, die dazu sich nicht bequemen und ihn in seinem einstweiligen Besitz stöhren wollen; weil der Wille aller Anderen außer ihm selbst, der ihm eine Verbindlichkeit aufzulegen denkt, von einem gewissen Besitz abzustehen, bloß einseitig ist, mithin eben so wenig gesetzliche Kraft (als die nur im allgemeinen Willen angetroffen wird) zum Widersprechen hat, als jener zum Behaupten, indessen daß der letztere doch dieß voraus hat, zur Einführung und Errichtung eines bürgerlichen Zustandes zusammenzustimmen. — Mit einem Worte: die Art etwas Aeußeres als das Seine im Naturzustande zu haben, ist ein physischer Besitz, der die rechtliche Präsumtion für sich hat, ihn, durch Vereinigung mit dem Willen Aller in einer öffentlichen Gesetzgebung, zu einem rechtlichen zu machen, und gilt in der Erwartung comparativ für einen rechtlichen.

Dieses Prärogativ des Rechts aus dem empirischen Besitzstande nach der Formel: **wohl dem der im Besitz ist** (beati possidentes) besteht nicht darin: daß, weil er die Präsumtion eines rechtlichen Mannes hat, er nicht nöthig habe, den Beweis zu führen, er besitze etwas rechtmäßig (denn das gilt nur im streitigen Rechte), sondern weil, nach dem Postulat der practischen Vernunft, jedermann das Vermögen zukommt, einen äußeren Gegenstand seiner Willkühr als das Seine zu haben, mithin jede Inhabung ein Zustand ist, dessen Rechtmäßigkeit sich auf jenem Postulat durch einen Act des vorhergehenden

Wil-

Willens gründet, und der, wenn nicht ein älterer Besitz eines Anderen von ebendemselben Gegenstande dawider ist, also vorläufig, nach dem Gesetz der äußeren Freyheit, jedermann, der mit mir nicht in den Zustand einer öffentlich gesetzlichen Freyheit treten will, von aller Anmaßung des Gebrauchs eines solchen Gegenstandes abzuhalten berechtigt, um dem Postulat der Vernunft gemäß, eine Sache, die sonst practisch vernichtet seyn würde, seinem Gebrauche zu unterwerfen.

Zweytes Hauptstück.
Von der Art etwas Aeußeres zu erwerben.

§. 10.

Allgemeines Princip der äußeren Erwerbung.

Ich erwerbe etwas, wenn ich mache, (efficio) daß etwas mein werde. — Ursprünglich ist mein dasjenige Aeußere, was auch ohne einen rechtlichen Act mein ist. Eine Erwerbung aber ist ursprünglich diejenige, welche nicht von dem Seinen eines Anderen abgeleitet ist.

Nichts Aeußeres ist ursprünglich mein; wohl aber kann es ursprünglich, d. i. ohne es von dem Seinen irgend eines Anderen abzuleiten, erworben seyn. — Der Zustand der Gemeinschaft des Mein und Dein (communio) kann nie als ursprünglich gedacht, sondern muß (durch einen äußeren rechtlichen Act) erworben werden; obwohl der Besitz eines äußeren Gegenstandes ursprünglich

lich und gemeinsam seyn kann. Auch wenn man sich (problematisch) eine ursprüngliche Gemeinschaft (communio mei et tui originaria) denkt: so muß sie doch von der uranfänglichen (communio primaeva) unterschieden werden, welche, als in der ersten Zeit der Rechtsverhältnisse unter Menschen gestiftet, angenommen wird, und nicht, wie die erstere, auf Principien, sondern nur auf Geschichte gegründet werden kann: wobey die letztere doch immer als erworben und abgeleitet (communio deriuatiua) gedacht werden müßte.

Das Princip der äußeren Erwerbung ist nun: Was ich (nach dem Gesetze der äußeren Freyheit) in meine Gewalt bringe, und wovon, als Object meiner Willkühr, Gebrauch zu machen ich (nach dem Postulat der practischen Vernunft) das Vermögen habe: endlich, was ich (gemäß der Idee eines möglichen vereinigten Willens) will, es solle mein seyn, das ist mein.

Die Momente (attendenda) der ursprünglichen Erwerbung, sind also: 1) die Apprehension eines Gegenstandes der Keinem angehört, widrigenfalls sie der Freyheit Anderer nach allgemeinen Gesetzen widerstreiten würde. Diese Apprehension ist die Besitznehmung des Gegenstandes der Willkühr im Raum und der Zeit; der Besitz also, in den ich mich setze, ist (possessio phaenomenon). 2) Die Bezeichnung (declaratio) des Besitzes dieses Gegenstandes und des Acts meiner Willkühr jeden Anderen davon abzuhalten. 3) Die

Die Zueignung (appropriatio) als Act eines äußerlich allgemein gesetzgebenden Willens (in der Idee), durch welchen jedermann zur Einstimmung mit meiner Willkühr verbunden wird. — Die Gültigkeit des letzteren Moments der Erwerbung, als worauf der Schlußsatz: der äußere Gegenstand ist mein, beruht, d.i. daß der Besitz, als ein bloß=rechtlicher, gültig (possessio noumenon) sey, gründet sich darauf: daß, da alle diese Actus rechtlich sind, mithin aus der practischen Vernunft hervorgehen, und also in der Frage, was Rechtens ist, von den empirischen Bedingungen des Besitzes abstrahirt werden kann, der Schlußsatz: der äußere Gegenstand ist mein, vom sensibelen auf den intelligibelen Besitz richtig geführt wird.

Die ursprüngliche Erwerbung eines äußeren Gegenstandes der Willkühr, heißt Bemächtigung (occupatio) und kann nicht anders, als an körperlichen Dingen (Substanzen) statt finden. Wo nun eine solche statt findet, bedarf sie zur Bedingung des empirischen Besitzes die Priorität der Zeit vor jedem Anderen, der sich einer Sache bemächtigen will (qui prior tempore potior iure). Sie ist als ursprünglich auch nur die Folge von einseitiger Willkühr; denn wäre dazu eine doppelseitige erforderlich, so würde sie von dem Vertrage zweyer (oder mehrerer Personen, folglich von dem Seinen Anderer abgeleitet seyn. — Wie ein solcher Act der Willkühr als jener ist, das Seine für jemanden begründen könne, ist nicht leicht einzusehen. — Indessen ist die erste Erwerbung

doch

etwas Aeußeres zu erwerben.

doch darum sofort nicht die ursprüngliche. Denn die Erwerbung eines öffentlichen rechtlichen Zustandes durch Vereinigung des Willens Aller zu einer allgemeinen Gesetzgebung wäre eine solche, vor der keine vorhergehen darf, und doch wäre sie von dem besonderen Willen eines jeden abgeleitet und allseitig: da eine ursprüngliche Erwerbung nur aus dem einseitigen Willen hervorgehen kann.

Eintheilung.
der Erwerbung des äußeren Mein und Dein.

1) Der Materie (dem Objecte) nach erwerbe ich entweder eine körperliche Sache, (Substanz) oder die Leistung (Caussalität) eines Anderen oder diese andere Person selbst, d. i. den Zustand derselben, so fern ich ein Recht erlange, über denselben zu verfügen, (das Commercium mit derselben).

2) Der Form (Erwerbungsart) nach ist es entweder ein Sachenrecht (ius reale) oder persönliches Recht (ius personale) oder ein dinglich=persönliches Recht (ius realiter personale) des Besitzes (obzwar nicht des Gebrauchs) einer andern Person als einer Sache.

3) Nach dem Rechtsgrunde (titulus) der Erwerbung; welches eigentlich kein besonderes Glied der Eintheilung

theilung der Rechte, aber doch ein Moment der Art ihrer Ausübung ist: entweder durch den Act einer **einseitigen,** oder **doppelseitigen,** oder **allseitigen Willkühr,** wodurch etwas Aeußeres (facto, pacto, lege,) erworben wird.

Erster Abschnitt.
Vom Sachenrecht.

§. 11.
Was ist ein Sachenrecht?

Die gewöhnliche Erklärung des Rechts in einer Sache (ius reale, ius in re) »es sey das Recht gegen jeden Besitzer derselben« ist eine richtige Nominaldefinition. — Aber, was ist das, was da macht, daß ich mich wegen eines äußeren Gegenstandes an jeden Inhaber desselben halten, und ihn (per vindicationem) nöthigen kann, mich wieder in Besitz desselben zu setzen? Ist dieses äußere rechtliche Verhältniß meiner Willkühr etwa ein unmittelbares Verhältniß zu einem körperlichen Dinge? So müßte derjenige, welcher sein Recht nicht unmittelbar auf Personen, sondern auf Sachen bezogen denkt, es sich freylich, (obzwar nur auf dunkele Art) vorstellen: nämlich, weil dem Recht auf einer Seite eine Pflicht auf der andern correspondirt, daß die äußere Sache, ob sie zwar dem ersten Besitzer abhanden gekommen, diesem doch immer verpflichtet bleibe, d. i. sich

sich jedem anmaßlichen anderen Besitzer weigere, weil sie jenem schon verbindlich ist, und so mein Recht, gleich einem die Sache begleitenden und vor allem fremden Angriffe bewahrenden Genius, den fremden Besitzer immer an mich weise. Es ist also ungereimt, sich Verbindlichkeit einer Person gegen Sachen und umgekehrt zu denken, wenn es gleich allenfalls erlaubt werden mag, das rechtliche Verhältniß durch ein solches Bild zu versinnlichen, und sich so auszudrücken.

Die Realdefinition würde daher so lauten müssen: Das Recht in einer Sache ist ein Recht des Privatgebrauchs einer Sache, in deren (ursprünglichen, oder gestifteten) Gesammtbesitze ich mit allen andern bin. Denn das Letztere ist die einzige Bedingung, unter der es allein möglich ist, daß ich jeden anderen Besitzer vom Privatgebrauch der Sache ausschließe (ius contra quemlibet huius rei possessorem), weil, ohne einen solchen Gesammtbesitz vorauszusetzen, sich gar nicht denken läßt, wie ich, der ich doch nicht im Besitz der Sache bin, von Andern, die es sind, und die sie brauchen, lädirt werden könne. — Durch einseitige Willkühr kann ich keinen Andern verbinden, sich des Gebrauchs einer Sache zu enthalten, wozu er sonst keine Verbindlichkeit haben würde: also nur durch vereinigte Willkühr in einem Gesammtbesitze. Sonst müßte ich mir ein Recht in einer Sache denken: als ob die Sache gegen mich eine Verbindlichkeit hätte, und davon allererst das Recht gegen jeden Besitzer derselben ableiten; welches eine ungereimte Vorstellungsart ist.

F   Unter

Unter dem Wort: Sachenrecht (ius reale) wird übrigens nicht bloß das Recht in einer Sache (ius in re) sondern auch der Inbegrif aller Gesetze, die das dingliche Mein und Dein betreffen, verstanden. — Es ist aber klar, daß ein Mensch, der auf Erden ganz allein wäre, eigentlich kein äußeres Ding als das Seine haben, oder erwerben könnte; weil zwischen ihm, als Person, und allen anderen äußeren Dingen, als Sachen, es gar kein Verhältniß der Verbindlichkeit giebt. Es giebt also, eigentlich und buchstäblich verstanden, auch kein (directes) Recht in einer Sache, sondern nur dasjenige wird so genannt, was jemanden gegen eine Person zukommt, die mit allen Anderen (im bürgerlichen Zustande) im gemeinsamen Besitz ist.

§. 12.
Die erste Erwerbung einer Sache kann keine andere als die des Bodens seyn.

Der Boden (unter welchem alles bewohnbare Land verstanden wird) ist, in Ansehung alles Beweglichen auf demselben, als Substanz, die Existenz des Letzteren aber nur als Inhärenz zu betrachten und so, wie im theoretischen Sinne die Accidenzen nicht außerhalb der Substanz existiren können, so kann im practischen das Bewegliche auf dem Boden nicht das Seine von jemanden seyn, wenn dieser nicht vorher als im rechtlichen Besitz desselben befindlich (als das Seine desselben angenommen wird.

Denn

Vom Sachenrecht.

Denn setzet, der Boden gehöre niemanden an: so werde ich jede bewegliche Sache, die sich auf ihm befindet, aus ihrem Platze stoßen können, um ihn selbst einzunehmen, bis sie sich gänzlich verliert, ohne daß der Freyheit irgend eines Anderen, der jetzt gerade nicht Inhaber desselben ist, dadurch Abbruch geschieht; alles aber, was zerstöhrt werden kann, ein Baum, Haus, u. s. w. ist (wenigstens der Materie nach) beweglich; und wenn man die Sache, die ohne Zerstöhrung ihrer Form nicht bewegt werden kann, ein Immobile nennt, so wird das Mein und Dein an jener nicht von der Substanz, sondern dem ihr Anhängenden verstanden, welches nicht die Sache selbst ist.

§. 13.

Ein jeder Boden kann ursprünglich erworben werden, und der Grund der Möglichkeit dieser Erwerbung ist die ursprüngliche Gemeinschaft des Bodens überhaupt.

Was das erste betrifft, so gründet sich dieser Satz auf dem Postulat der practischen Vernunft (§. 2): das zweyte, auf folgenden Beweis.

Alle Menschen sind ursprünglich (d. i. vor allem rechtlichem Act der Willkühr) im rechtmäßigen Besitz des Bodens, d. i. sie haben ein Recht, da zu seyn, wohin sie die Natur, oder der Zufall (ohne ihren Willen) gesetzt hat. Der Besitz (possessio), der vom Sitz (sedes), als einem willkührlichen, mithin erworbenen, **dauernden**

Besitz

Besitz unterschieden ist, ist ein **gemeinsamer** Besitz, wegen der Einheit aller Plätze auf der Erdfläche, als Kugelfläche; weil, wenn sie eine unendliche Ebene wäre, die Menschen sich darauf so zerstreuen könnten, daß sie in gar keine Gemeinschaft mit einander kämen, diese also nicht eine nothwendige Folge von ihrem Daseyn auf Erden wäre. — Der Besitz aller Menschen auf Erden, der vor allem rechtlichen Act derselben vorhergeht, (von der Natur selbst constituirt ist) ist ein **ursprünglicher** Gesammtbesitz (communio possessionis originaria), dessen Begriff nicht empirisch und von Zeitbedingungen abhängig ist, wie etwa der gedichtete aber nie erweisliche eines **uranfänglichen** Gesammtbesitzes (communio primaeva), sondern ein practischer Vernunftbegrif, der a priori das Princip enthält, nach welchem allein die Menschen den Platz auf Erden nach Rechtsgesetzen gebrauchen können.

§. 14.

Der rechtliche Act dieser Erwerbung ist Bemächtigung (occupatio).

Die Besitznehmung (apprehensio), als der Anfang der Inhabung einer körperlichen Sache im Raume (possessionis physicae), stimmt unter keiner anderen Bedingung mit dem Gesetze der äußeren Freyheit von jedermann (mithin a priori) zusammen, als unter der Priorität in Ansehung der Zeit, d. i. nur als erste Besitznehmung, (prior apprehensio) welche ein Act der Will=

Willkühr ist. Der Wille aber, die Sache (mithin auch ein bestimmter abgetheilter Platz auf Erden) solle Mein seyn, d. i. die Zueignung (appropriatio) kann in einer ursprünglichen Erwerbung nicht anders als einseitig (voluntas vnilateralis s. propria) seyn. Die Erwerbung eines äußeren Gegenstandes der Willkühr durch einseitigen Willen ist die Bemächtigung. Also kann die ursprüngliche Erwerbung desselben, mithin auch eines abgemessenen Bodens nur durch Bemächtigung (occupatio) geschehen. —

Die Möglichkeit auf solche Art zu erwerben, läßt sich auf keine Weise einsehen, noch durch Gründe darthun, sondern ist die unmittelbare Folge aus dem Postulat der practischen Vernunft. Derselbe Wille aber kann doch eine äußere Erwerbung nicht anders berechtigen, als nur so fern er in einem a priori vereinigten (d. i. durch die Vereinigung der Willkühr Aller, die in ein practisches Verhältniß gegen einander kommen können) absolut gebietenden Willen enthalten ist; denn der einseitige Wille (wozu auch der doppelseitige, aber doch besondere Wille gehört) kann nicht jedermann eine Verbindlichkeit auflegen, die an sich zufällig ist, sondern dazu wird ein allseitiger nicht zufällig, sondern a priori, mithin nothwendig vereinigter und darum allein gesetzgebender Wille erfordert; denn nur nach dieses seinem Princip ist Uebereinstimmung der freyen Willkühr eines jeden mit der Freyheit von jedermann, mithin ein Recht überhaupt, und also auch ein äußeres Mein und Dein möglich.

§. 15.

§. 15.

Nur in einer bürgerlichen Verfassung kann etwas **peremtorisch**, dagegen im Naturzustande zwar auch, aber nur **provisorisch**, erworben werden.

Die bürgerliche Verfassung, obzwar ihre Wirklichkeit subjectiv zufällig ist, ist gleichwohl objectiv d. i. als Pflicht, nothwendig. Mithin giebt es in Hinsicht auf dieselbe und ihre Stiftung ein wirkliches Rechtsgesetz der Natur, dem alle äußere Erwerbung unterworfen ist.

Der **empirische Titel** der Erwerbung war die auf ursprüngliche Gemeinschaft des Bodens gegründete **physische** Besitznehmung (apprehensio physica), welchem, weil dem Besitz nach Vernunftbegriffen des Rechts nur ein Besitz in der Erscheinung untergelegt werden kann, der einer intellectuellen Besitznehmung (mit Weglassung aller empirischen Bedingungen in Raum und Zeit) correspondiren muß, und die den Satz gründet: »was ich nach Gesetzen der äußeren Freyheit in meine Gewalt bringe, und will, es solle mein seyn, das wird mein.«

Der **Vernunfttitel** der Erwerbung aber kann nur in der Idee eines a priori vereinigten, (nothwendig zu vereinigenden) Willens Aller liegen, welche hier als unumgängliche Bedingung (conditio sine qua non) stillschweigend vorausgesetzt wird; denn durch einseitigen Willen kann Anderen eine Verbindlichkeit, die sie für sich sonst nicht haben würden, nicht auferlegt werden. —
Der

Der Zustand aber eines zur Gesetzgebung allgemein wirklich vereinigten Willens ist der bürgerliche Zustand. Also nur in Conformität mit der Idee eines bürgerlichen Zustandes, d. i. in Hinsicht auf ihn und seine Bewirkung, aber vor der Wirklichkeit desselben, (denn sonst wäre die Erwerbung abgeleitet) mithin nur **provisorisch** kann etwas Aeußeres ursprünglich erworben werden. — Die **peremtorische** Erwerbung findet nur im bürgerlichen Zustande statt.

Gleichwohl ist jene provisorische, dennoch eine wahre Erwerbung; denn, nach dem Postulat der rechtlich=practischen Vernunft, ist die Möglichkeit derselben, in welchem Zustande die Menschen neben einander seyn mögen, (also auch im Naturzustande) ein Princip des Privatrechts, nach welchem jeder zu demjenigen Zwange berechtigt ist, durch welchen es allein möglich wird, aus jenem Naturzustande heraus zu gehen, und in den bürgerlichen, der allein alle Erwerbung peremtorisch machen kann, zu treten.

Es ist die Frage: wie weit erstreckt sich die Befugniß der Besitznehmung eines Bodens? So weit, als das Vermögen ihn in seiner Gewalt zu haben, d. i. als der, so ihn sich zueignen will, ihn vertheidigen kann; gleich als ob der Boden spräche: wenn ihr mich nicht beschützen könnt, so könnt ihr mir auch nicht gebieten. Darnach müßte also auch der Streit über das **freye** oder **verschlossene** Meer entschieden werden; z. B. innerhalb der Weite, wohin die
Kano=

Kanonen reichen, darf niemand an der Küste eines Landes, das schon einem gewissen Staat zugehört, fischen, Bernstein aus dem Grunde der See holen, u. dergl. — Ferner: ist die Bearbeitung des Bodens (Bebauung, Beackerung, Entwässerung u. dergl.) zur Erwerbung desselben nothwendig? Nein! denn, da diese Formen (der Specificirung) nur Accidenzen sind, so machen sie kein Object eines unmittelbaren Besitzes aus, und können zu dem des Subjects nur gehören, so fern die Substanz vorher als das Seine desselben anerkannt ist. Die Bearbeitung ist, wenn es auf die Frage von der ersten Erwerbung ankommt, nichts weiter als ein äußeres Zeichen der Besitznehmung, welches man durch viele andere, die weniger Mühe kosten, ersetzen kann. — Ferner: darf man wohl jemanden in dem Act seiner Besitznehmung hindern, so daß keiner von beyden des Rechts der Priorität theilhaftig werde, und so der Boden immer als keinem angehörig frey bleibe? Gänzlich kann diese Hinderung nicht statt finden, weil der Andere, um dieses thun zu können, sich doch auch selbst auf irgend einem benachbarten Boden befinden muß, wo er also selbst behindert werden kann zu seyn, mithin eine absolute Verhinderung ein Widerspruch wäre; aber respectiv auf einen gewissen (zwischenliegenden) Boden, diesen, als neutral, zur Scheidung zweyer Benachbarten unbenutzt liegen zu lassen, würde doch mit dem Rechte der Bemächtigung zusammen bestehen; aber alsdann gehört wirklich dieser Boden Beyden gemeinschaftlich, und ist nicht herrenlos (res nullius) eben darum, weil er von beyden das

zu

Vom Sachenrecht.

zu gebraucht wird, um sie von einander zu scheiden. — Ferner kann man auf einem Boden, davon kein Theil das Seine von jemanden ist, doch eine Sache als die Seine haben? Ja, wie in der Mongoley jeder sein Gepäcke, was er hat, liegen lassen, oder sein Pferd, was ihm entlaufen ist, als das Seine in seinen Besitz bringen kann, weil der ganze Boden dem Volk, der Gebrauch desselben also jedem einzelnen zusteht; daß aber jemand eine bewegliche Sache auf dem Boden eines Anderen als das Seine haben kann, ist zwar möglich, aber nur durch Vertrag. — Endlich ist die Frage: können zwey benachbarte Völker (oder Familien) einander widerstehen, eine gewisse Art des Gebrauchs eines Bodens anzunehmen, z. B. die Jagdvölker dem Hirtenvolk, oder den Ackerleuten, oder diese den Pflanzern, u. dergl.? Allerdings; denn die Art, wie sie sich auf dem Erdboden überhaupt ansässig machen wollen, ist, wenn sie sich innerhalb ihrer Grenzen halten, eine Sache des bloßen Beliebens (res merae facultatis).

Zuletzt kann noch gefragt werden: ob, wenn uns weder die Natur, noch der Zufall, sondern blos unser eigener Wille in Nachbarschaft mit einem Volke bringt, welches keine Aussicht zu einer bürgerlichen Verbindung mit ihm verspricht, wir nicht, in der Absicht diese zu stiften und diese Menschen (Wilde) in einen rechtlichen Zustand zu versetzen (wie etwa die Americanischen Wilden, die Hottentotten, die Neuholländer) befugt seyn sollten, allenfalls mit Gewalt, oder
(wel=

(welches nicht viel besser ist) durch betrügerischen Kauf, Colonien zu errichten und so Eigenthümer ihres Bodens zu werden, und, ohne Rücksicht auf ihren ersten Besitz, Gebrauch von unserer Ueberlegenheit zu machen; zumal es die Natur selbst (als die das Leere verabscheuet) so zu fordern scheint, und große Landstriche in anderen Welttheilen an gesitteten Einwohnern sonst Menschenleer geblieben wären, die jetzt herrlich bevölkert sind, oder gar auf immer bleiben müßten, und so der Zweck der Schöpfung vereitelt werden würde? Allein man sieht durch diesen Schleyer der Ungerechtigkeit (Jesuitism), alle Mittel zu guten Zwecken zu billigen, leicht durch; diese Art der Erwerbung des Bodens ist also verwerflich.

Die Unbestimmtheit, in Ansehung der Quantität sowohl als der Qualität des äußeren erwerblichen Objects, macht diese Aufgabe (der einzigen ursprünglichen äußeren Erwerbung) unter allen zur schwersten sie aufzulösen. Irgend eine ursprüngliche Erwerbung des Aeußeren aber muß es indessen doch geben; denn abgeleitet kann nicht alle seyn. Daher kann man diese Aufgabe auch nicht als unauflöslich und als an sich unmöglich aufgeben. Aber, wenn sie auch durch den ursprünglichen Vertrag aufgelöset wird, so wird, wenn dieser sich nicht aufs ganze menschliche Geschlecht erstreckt, die Erwerbung doch immer nur provisorisch bleiben.

§. 16.

Vom Sachenrecht.

§. 16.

Exposition des Begrifs einer ursprünglichen Erwerbung des Bodens.

Alle Menschen sind ursprünglich in einem Gesammt-Besitz des Bodens der ganzen Erde (communio fundi originaria), mit dem ihnen von Natur zustehenden Willen (eines jeden) denselben zu gebrauchen (lex iusti), der, wegen der natürlich unvermeidlichen Entgegensetzung der Willkühr des Einen gegen die des Anderen, allen Gebrauch desselben aufheben würde, wenn nicht jener zugleich das Gesetz für diese enthielte, nach welchem einem jeden ein besonderer Besitz auf dem gemeinsamen Boden bestimmt werden kann (lex iuridica). Aber das austheilende Gesetz des Mein und Dein eines jeden am Boden kann, nach dem Axiom der äußeren Freyheit, nicht anders als aus einem ursprünglich und a priori vereinigten Willen (der zu dieser Vereinigung keinen rechtlichen Act voraussetzt), mithin nur im bürgerlichen Zustande, hervorgehen (lex iustitiae distributiuae), der allein was recht, was rechtlich und was Rechtens ist, bestimmt. — In diesem Zustand aber, d. i. vor Gründung und doch in Absicht auf denselben, d. i. provisorisch, nach dem Gesetz der äußeren Erwerbung zu verfahren, ist Pflicht, folglich auch rechtliches Vermögen des Willens jedermann zu verbinden, den Act der Besitznehmung und Zueignung, ob er gleich nur einseitig anzuerkennen; mithin ist eine provisorische Erwerbung des Bodens, mit allen ihren rechtlichen Folgen, möglich.

Eine

Eine solche Erwerbung aber bedarf doch und hat auch eine Gunst des Gesetzes (lex permissiua), in Ansehung der Bestimmung der Grenzen des rechtlich möglichen Besitzes, für sich; weil sie vor dem rechtlichen Zustande vorhergeht, und, als bloß dazu einleitend, noch nicht peremtorisch ist, welche Gunst sich aber nicht weiter erstreckt, als bis zur Einwilligung Anderer (theilnehmender) zu Errichtung der Letzteren, bey dem Widerstande derselben aber in diesen (den Bürgerlichen) zu treten, und so lange derselbe währt, allen Effect einer rechtmäßigen Erwerbung bey sich führt, weil dieser Ausgang auf Pflicht gegründet ist.

§. 17.

Deduction des Begrifs der ursprünglichen Erwerbung.

Wir haben den Titel der Erwerbung in einer ursprünglichen Gemeinschaft des Bodens, mithin unter Raums-Bedingungen eines äußeren Besitzes, die Erwerbungsart aber in den empirischen Bedingungen der Besitznehmung (apprehensio), verbunden mit dem Willen, den äußeren Gegenstand als den seinen zu haben, gefunden. Nun ist noch nöthig die Erwerbung selbst, d. i. das äußere Mein und Dein, was aus beyden gegebenen Stücken folgt, nämlich den intelligibelen Besitz (possessio noumenon) des Gegenstandes, nach dem was sein Begrif enthält, aus den Principien der reinen rechtlich-practischen Vernunft zu entwickeln.

Der Rechtsbegrif vom äußeren Mein und Dein, so fern es Substanz ist, kann, was das Wort außer

mir

mir betrift, nicht einen anderen Ort, als wo ich bin, bedeuten: denn er ist ein Vernunftbegriff; sondern, da unter diesem nur ein reiner Verstandesbegrif subsumirt werden kann, bloß etwas von mir Unterschiedenes und den eines nicht empirischen Besitzes (der gleichsam fortdauernden Apprehension), sondern nur den des *in meiner Gewalt=habens* (die Verknüpfung desselben mit mir als subjective Bedingung der Möglichkeit des Gebrauchs) des äußeren Gegenstandes, welcher ein reiner Verstandesbegrif ist, bedeuten. Nun ist die Weglassung, oder das Absehen (Abstraction) von diesen sinnlichen Bedingungen des Besitzes, als eines Verhältnisses der Person zu Gegenständen, die keine Verbindlichkeit haben, nichts anderes als das Verhältniß einer *Person zu Personen*, diese alle durch den Willen der ersteren, so fern er dem Axiom der äußeren Freyheit, dem Postulat des Vermögens und der allgemeinen Gesetzgebung des a priori als vereinigt gedachten Willens gemäß ist, in Ansehung des Gebrauchs der Sachen zu verbinden, welches also der *intelligibele Besitz* derselben, d. i. der durchs bloße Recht, ist, obgleich der Gegenstand (die Sache, die ich besitze) ein Sinnenobject ist.

Daß die erste Bearbeitung, Begränzung, oder überhaupt Fromgebung eines Bodens keinen Titel der Erwerbung desselben, d. i. der Besitz des Accidens nicht ein Grund des rechtlichen Besitzes der Substanz abgeben könne, sondern vielmehr umgekehrt das Mein und Dein nach der Regel (accessorium sequitur suum principale) aus dem Eigenthum der Substanz

stanz gefolgert werden müsse, und daß der, welcher an einen Boden, der nicht schon vorher der Seine war, Fleiß verwendet, seine Mühe und Arbeit gegen den Ersteren verlohren hat, ist für sich selbst so klar, daß man jene so alte und noch weit und breit herrschende Meinung schwerlich einer anderen Ursache zuschreiben kann, als der in geheim obwaltenden Täuschung, Sachen zu personificiren; und, gleich als ob jemand sie sich durch an sie verwandte Arbeit verbindlich machen könne, keinem Anderen als ihm zu Diensten zu stehen, unmittelbar gegen sie sich ein Recht zu denken; denn wahrscheinlicherweise würde man auch nicht so leichten Fußes über die natürliche Frage (von der oben schon Erwähnung geschehen) weggeglitten seyn: »wie ist ein Recht in einer Sache möglich?« Denn das Recht gegen einen jeden Besitzer einer Sache bedeutet nur die Befugniß der besonderen Willkühr zum Gebrauch eines Objects, so fern sie als im synthetisch-allgemeinen Willen enthalten, und mit dem Gesetze desselben zusammenstimmend gedacht werden kann.

Was die Körper auf einem Boden betrift, der schon der meinige ist, so gehören sie, wenn sie sonst keines Anderen sind, mir zu, ohne daß ich zu diesem Zweck eines besonderen rechtlichen Acts bedürfte (nicht facto sondern lege); nämlich, weil sie als der Substanz inhärirende Accidenzen betrachtet werden können (iure rei meae), wozu auch Alles gehört, was mit meiner Sache so verbunden ist, daß ein Anderer sie von dem Meinen nicht trennen kann,

ohne

Vom Sachenrecht.

ohne dieses selbst zu verändern (z. B. Vergoldung, Mischung eines mir zugehörigen Stoffes mit andern Materien, Anspühlung oder auch Veränderung des anstoßenden Strohmbettes, und dadurch geschehende Erweiterung meines Bodens, u. s. w.) Ob aber der erwerbliche Boden sich noch weiter als das Land, nämlich auch auf eine Strecke des Seegrundes hinaus, (das Recht noch an meinen Ufern zu fischen, oder Bernstein herauszubringen; u. dergl.) sich ausdehnen lasse; muß nach ebendenselben Grundsätzen beurtheilt werden. So weit ich aus meinem Sitze mechanisches Vermögen habe, meinen Boden gegen den Eingrif Anderer zu sichern (z. B. so weit die Kanonen vom Ufer abreichen), gehört zu meinem Besitz und das Meer ist bis dahin geschlossen (mare clausum). Da aber auf dem weiten Meere selbst kein Sitz möglich ist, so kann der Besitz auch nicht bis dahin ausgedehnt werden und offene See ist frey (mare liberum). Das Stranden aber, es sey der Menschen, oder der ihnen zugehörigen Sachen, kann, als unvorsetzlich, von dem Strandeigenthümer nicht zum Erwerbrecht gezählt werden; weil es nicht Läsion (ja überhaupt kein Factum) ist, und die Sache, die auf einen Boden gerathen ist, der doch irgend einem angehört, nicht als res nullius behandelt werden kann. Ein Fluß dagegen kann, so weit der Besitz seines Ufers reicht, so gut wie ein jeder Landboden, unter obbenannten Einschränkungen ursprünglich von dem erworben werden, der im Besitze beyder Ufer ist.

Der

Der äußere Gegenstand, welcher der Substanz nach das Seine von jemanden ist, ist dessen Eigenthum (dominium), welchem alle Rechte in dieser Sache (wie Accidenzen der Substanz) inhäriren, über welche also der Eigenthümer (dominus) nach Belieben verfügen kann (ius disponendi de re sua). Aber hieraus folgt von selbst: daß ein solcher Gegenstand nur eine körperliche Sache (gegen die man keine Verbindlichkeit hat) seyn könne, daher ein Mensch sein eigener Herr, (sui iuris) aber nicht Eigenthümer von sich selbst (sui dominus) (über sich nach Belieben disponiren zu können) geschweige denn von anderen Menschen seyn kann, weil er der Menschheit in seiner eigenen Person verantwortlich ist; wiewohl dieser Punct, der zum Rechte der Menschheit, nicht dem der Menschen gehört, hier nicht seinen eigentlichen Platz hat, sondern nur beyläufig zum besseren Verständniß des kurz vorher gesagten angeführt wird. — Es kann ferner zwey volle Eigenthümer einer und derselben Sache geben, ohne ein gemeinsames Mein und Dein, sondern nur als gemeinsame Besitzer dessen, was nur einem als das Seine zugehört, wenn, von den sogenannten Miteigenthümern (condomini), einem nur der ganze Besitz ohne Gebrauch, dem Anderen aber aller Gebrauch der Sache sammt dem Besitz zukommt, jener also (dominus directus) diesen (dominus vtilis) nur auf die Bedingung einer beharrlichen Leistung restringirt, ohne dabey seinen Gebrauch zu limitiren.

Zweyter Abschnitt.

Vom persönlichen Recht.

§. 18.

Der Besitz der Willkühr eines Anderen, als Vermögen sie, durch die meine, nach Freyheitsgesetzen zu einer gewissen That zu bestimmen, (daß äußere Mein und Dein in Ansehung der Caussalität eines Anderen) ist ein Recht (dergleichen ich mehrere gegen eben dieselbe Person oder gegen Andere haben kann); der Inbegrif (das System) der Gesetze aber, nach welchen ich in diesem Besitz seyn kann, das persönliche Recht, welches nur ein einziges ist.

Die Erwerbung eines persönlichen Rechts kann niemals ursprünglich und eigenmächtig seyn (denn eine solche würde nicht dem Princip der Einstimmung der Freyheit meiner Willkühr mit der Freyheit von jedermann gemäß, mithin unrecht seyn). Eben so kann ich auch nicht durch rechtswidrige That eines Anderen (facto iniusto alterius) erwerben; denn wenn diese Läsion mir auch selbst widerfahren wäre, und ich von dem Anderen mit Recht Genugthuung fordern kann, so wird dadurch doch nur das Meine unvermindert erhalten, aber nichts über das, was ich schon vorher hatte, erworben.

Erwerbung durch die That eines Anderen, zu der ich diesen nach Rechtsgesetzen bestimme, ist also jederzeit von dem Seinen des Anderen abgeleitet, und diese Ableitung, als rechtlicher Act, kann nicht durch diesen als einen negativen Act, nämlich der Verlassung, oder einer

einer auf das Seine geschehenen Verzichtthuung (per derelictionem aut renunciationem), geschehen, denn dadurch wird nur das Seine eines oder des Anderen aufgehoben, aber nichts erworben, — sondern allein durch Uebertragung (translatio), welche nur durch einen gemeinschaftlichen Willen möglich ist, vermittelst dessen der Gegenstand immer in die Gewalt des einen oder des Anderen kommt, alsdann einer seinem Antheile an dieser Gemeinschaft entsagt, und so das Object durch Annahme desselben (mithin einen positiven Act der Willkühr) das Seine wird. — Die Uebertragung seines Eigenthums an einen Anderen ist die Veräußerung. Der Act der vereinigten Willkühr zweyer Personen, wodurch überhaupt das Seine des Einen auf den Anderen übergeht, ist der Vertrag.

§. 19.

In jedem Vertrage sind zwey vorbereitende, und zwey constituirende rechtliche Acte der Willkühr; die beyden ersteren (die des Tractirens) sind das Angebot (oblatio) und die Billigung (approbatio) desselben; die beyden andern, (nämlich des Abschließens) sind das Versprechen (promissum) und die Annehmung (acceptatio). — Denn ein Anerbieten kann nicht eher ein Versprechen heißen, als wenn ich vorher urtheile, das Angebotene (oblatum) sey etwas, was dem Promissar angenehm seyn könne; welches durch die zwey ersten Declarationen angezeigt, durch diese allein aber noch nichts erworben wird.

Aber

Aber weder durch den besonderen Willen des Promittenten, noch den des Promissars (als Acceptanten), geht das Seine des ersteren zu dem letzteren über, sondern nur durch den vereinigten Willen beyder, mithin so fern beyder Wille zugleich declarirt wird. Nun ist dieß aber durch empirische Actus der Declaration, die einander nothwendig in der Zeit folgen müssen, und niemals zugleich sind, unmöglich. Denn, wenn ich versprochen habe und der Andere nun acceptiren will, so kann ich während der Zwischenzeit (so kurz sie auch seyn mag) es mich gereuen lassen, weil ich vor der Acceptation noch frey bin; so wie anderseits der Acceptant, eben darum, an seine auf das Versprechen folgende Gegenerklärung auch sich nicht für gebunden halten darf. — Die äußern Förmlichkeiten (solennia) bey Schließung des Vertrags, [der Handschlag, oder die Zerbrechung eines von beyden Personen angefaßten Strohhalms (stipula)] und alle hin und her geschehene Bestätigungen seiner vorherigen Erklärung beweisen vielmehr die Verlegenheit der Paciscenten, wie und auf welche Art sie die immer nur aufeinander folgenden Erklärungen als in einem Augenblicke zugleich existirend vorstellig machen wollen, was ihnen doch nicht gelingt; weil es immer nur in der Zeit einander folgende Actus sind, wo, wenn der eine Act ist, der andere entweder noch nicht, oder nicht mehr ist.

Aber die transcendentale Deduction des Begrifs der Erwerbung durch Vertrag kann allein alle diese Schwierigkeiten heben. In einem rechtlichen äußeren Verhältniſſe wird meine Beſitznehmung der Willkühr eines Anderen (und ſo wechſelſeitig), als Beſtimmungsgrund deſſelben zu einer That, zwar erſt empiriſch durch Erklärung und Gegenerklärung der Willkühr eines jeden von beyden in der Zeit, als ſinnlicher Bedingung der Apprehenſion, gedacht, wo beyde rechtliche Acte immer nur auf einander folgen; weil jenes Verhältniß (als ein rechtliches) rein intellectuell iſt, durch den Willen als ein geſetzgebendes Vernunftvermögen jener Beſitz als ein intelligibeler (poſſeſſio noumenon) nach Freyheitsbegriffen mit Abſtraction von jenen empiriſchen Bedingungen als das Mein oder Dein vorgeſtellt; wo beyde Acte, des Verſprechens und der Annehmung, nicht als auſeinander folgend, ſondern (gleich als pactum re initum) aus einem einzigen gemeinſamen Willen hervorgehend (welches durch das Wort zugleich ausgedruckt wird) und der Gegenſtand (promiſſum) durch Weglaſſung der empiriſchen Bedingungen nach dem Geſetz der reinen practiſchen Vernunft als erworben vorgeſtellt wird.

 Daß dieſes die wahre und einzig mögliche Deduction des Begrifs der Erwerbung durch Vertrag ſey, wird durch die mühſelige und doch immer vergebliche Beſtrebung der Rechtsforſcher (z. B. Moſes Mendelsſohns in ſeinem Jeruſalem) zur Beweisführung jener Möglichkeit hinreichend beſtätigt. — Die Frage war: warum ſoll ich mein Verſprechen halten? Denn daß ich es ſoll, begreift ein jeder von ſelbſt. Es iſt aber ſchlechterdings unmöglich, von dieſem categoriſchen Imperativ noch einen Beweis zu führen; eben ſo,
wie

wie es für den Geometer unmöglich ist, durch Vernunftschlüsse zu beweisen, daß ich, um ein Dreyeck zu machen, drey Linien nehmen müsse (ein analytischer Satz) deren zwey aber zusammengenommen größer seyn müssen, als die dritte (ein synthetischer; beyde aber a priori). Es ist ein Postulat der reinen (von allen sinnlichen Bedingungen des Raumes und der Zeit, was den Rechtsbegrif betrift, abstrahirenden) Vernunft, und die Lehre der Möglichkeit der Abstraction von jenen Bedingungen, ohne daß dadurch der Besitz desselben aufgehoben wird, ist selbst die Deduction des Begrifs der Erwerbung durch Vertrag; so wie es in dem vorigen Titel die Lehre von der Erwerbung durch Bemächtigung der äußeren Sache war.

§. 20.

Was ist aber das Aeußere, das ich durch den Vertrag erwerbe? Da es nur die Caussalität der Willkühr des Anderen in Ansehung einer mir versprochenen Leistung ist, so erwerbe ich dadurch unmittelbar nicht eine äußere Sache, sondern eine That desselben, dadurch jene Sache in meine Gewalt gebracht wird, damit ich sie zu der meinen mache. — Durch den Vertrag also erwerbe ich das Versprechen eines Anderen (nicht das Versprochene) und doch kommt etwas zu meiner äußeren Habe hinzu; ich bin vermögender (locupletior) geworden, durch Erwerbung einer activen Obligation auf die Freyheit und das Vermögen des Anderen. — Dieses mein Recht aber ist nur ein persönliches, nämlich gegen eine bestimmte

phy=

physische Person und zwar auf ihre Caussalität (ihre Willkühr) zu wirken, mir etwas zu leisten, nicht ein Sachenrecht, gegen diejenige moralische Person, welche nichts anders als die Idee der a priori vereinigten Willkühr aller ist, und wodurch ich allein ein Recht gegen jeden Besitzer derselben erwerben kann; als worin alles Recht in einer Sache besteht.

Die Uebertragung des Meinen durch Vertrag geschieht nach dem Gesetz der Stetigkeit (lex continui) d. i. der Besitz des Gegenstandes ist während diesem Act keinen Augenblick unterbrochen, denn sonst würde ich in diesem Zustande einen Gegenstand als etwas, das keinen Besitzer hat (res vacua), folglich ursprünglich erwerben; welches dem Begrif des Vertrages widerspricht. — Diese Stetigkeit aber bringt es mit sich, daß nicht eines von beyden (promittentis et acceptantis) besonderer, sondern ihr vereinigter Wille derjenige ist, welcher das Meine auf den Anderen überträgt; also nicht auf die Art: daß der Versprechende zuerst seinen Besitz zum Vortheil des Anderen verläßt (derelinquit), oder seinem Recht entsagt (renunciat) und der Andere sogleich darin eintritt, oder umgekehrt. Die Translation ist also ein Act, in welchem der Gegenstand einen Augenblick beyden zusammen angehört, so wie in der parabolischen Bahn eines geworfenen Steins dieser im Gipfel derselben einen Augenblick als im Steigen und Fallen zugleich begriffen betrachtet werden kann, und so allererst von der steigenden Bewegung zum Fallen übergeht.

§. 21.

Vom persönlichen Recht.

§. 21.

Eine Sache wird in einem Vertrage nicht durch **Annehmung** (acceptatio) des Versprechens, sondern nur durch **Uebergabe** (traditio) des Versprochenen erworben. Denn alles Versprechen geht auf eine Leistung, und wenn das Versprochene eine Sache ist, kann jene nicht anders errichtet werden, als durch einen Act, wodurch der Promissär vom Promittenten in den Besitz derselben gesetzt wird; d. i. durch die Uebergabe. Vor dieser also und dem Empfang ist die Leistung noch nicht geschehen; die Sache ist von dem einen zu dem Anderen noch nicht übergegangen, folglich von diesem nicht erworben worden, mithin das Recht aus einem Vertrage nur ein persönliches, und wird nur durch die Tradition ein dingliches Recht.

Der Vertrag, auf den unmittelbar die Uebergabe folgt (pactum re initum), schließt alle Zwischenzeit zwischen der Schließung und Vollziehung aus, und bedarf keines besonderen noch zu erwartenden Acts, wodurch das Seine des Einen auf den Anderen übertragen wird. Aber, wenn zwischen jenen Beyden noch eine (bestimmte oder unbestimmte) Zeit zur Uebergabe bewilligt ist, frägt sich: ob die Sache schon vor dieser durch den Vertrag das Seine des Acceptanten geworden, und das Recht des Letzteren ein Recht in der Sache sey, oder ob noch ein besonderer Vertrag, der allein die Uebergabe betrifft, dazu kommen müsse, mithin das Recht durch die bloße Acceptation nur ein persönliches sey, und allererst durch die Uebergabe ein Recht in der Sache werde? — Daß es sich hiemit wirklich so, wie das letztere besagt, verhalte, erhellet aus nachfolgendem:

Wenn ich einen Vertrag über eine Sache, z. B. über ein Pferd, das ich erwerben will, schließe, und nehme es zugleich mit in meinen Stall, oder sonst in meinen physischen Besitz, so ist es mein (vi pacti re initi), und mein Recht ist ein Recht in der Sache; lasse ich es aber in den Händen des Verkäufers, ohne mit ihm darüber besonders auszumachen, in wessen physischem Besitz (Inhabung) diese Sache vor meiner Besitznehmung (apprehensio), mithin vor dem Wechsel des Besitzes seyn solle: so ist dieses Pferd noch nicht mein, und mein Recht, was ich erwerbe, ist nur ein Recht gegen eine bestimmte Person, nämlich den Verkäufer von ihm in den Besitz gesetzt zu werden (poscendi traditionem) als subjective Bedingung der Möglichkeit alles beliebigen Gebrauchs desselben, d. i. mein Recht ist nur ein persönliches Recht, von jenem die Leistung des Versprechens (praestatio), mich in den Besitz der Sache zu setzen, zu fordern. Nun kann ich, wenn der Vertrag nicht zugleich die Uebergabe (als pactum re initum) enthält, mithin eine Zeit zwischen den Abschluß desselben und der Besitznehmung des Erworbenen verläuft, in dieser Zeit nicht anders zum Besitz gelangen, als dadurch, daß ich einen besonderen rechtlichen, nämlich einen Besitzact (actum possessorium) ausübe, der einen besonderen Vertrag ausmacht, und dieser ist: daß ich sage, ich werde die Sache (das Pferd) abholen lassen, wozu der Verkäufer einwilligt. Denn daß dieser eine Sache zum Gebrauche eines Anderen auf
eigene

Vom persönlichen Recht.

eigene Gefahr in seine Gewahrsame nehmen werde, versteht sich nicht von selbst, sondern dazu gehört ein besonderer Vertrag, nach welchem der Veräußerer seiner Sache innerhalb der bestimmten Zeit noch immer Eigenthümer bleibt (und alle Gefahr, die die Sache treffen möchte, tragen muß), der Erwerbende aber nur dann, wann er über diese Zeit zögert, von dem Verkäufer dafür angesehen werden kann, als sey sie ihm überliefert. Vor diesem Besitzact ist also Alles durch den Vertrag Erworbene nur ein persönliches Recht, und der Promissar kann eine äußere Sache nur durch Tradition erwerben.

Dritter Abschnitt.
Von dem auf dingliche Art persönlichen Recht.

§. 22.

Dieses Recht ist das des Besitzes eines äußeren Gegenstandes als einer Sache und des Gebrauchs desselben als einer Person. — Das Mein und Dein nach diesem Recht ist das Häusliche und das Verhältniß in diesem Zustande ist das der Gemeinschaft freyer Wesen, die durch den wechselseitigen Einfluß (der Person des Einen auf das Andere) nach dem Princip der äußeren Freyheit (Caussalität) eine Gesellschaft von Gliedern eines Ganzen (in Gemeinschaft stehender Personen) ausmachen, welches das Hauswesen heißt. — Die Erwerbungsart dieses Zustandes und in demselben geschieht weder durch eigenmächtige That (facto), noch durch bloßen Vertrag (pacto),

sondern

sondern durchs Gesetz (lege), welches, weil es kein Recht gegen eine Person, sondern auch ein Besitz derselben zugleich ist, ein über alles Sachen= und persönliche hinaus liegendes Recht, nämlich das Recht der Menschheit in unserer eigenen Person seyn muß, welches ein natürliches Erlaubnißgesetz zur Folge hat, durch dessen Gunst uns eine solche Erwerbung möglich ist.

§. 23.

Die Erwerbung nach diesem Gesetz ist dem Gegenstande nach dreyerley: Der Mann erwirbt ein **Weib**, das Paar erwirbt **Kinder** und die Familie **Gesinde**. — Alles dieses Erwerbliche ist zugleich unveräußerlich und das Recht des Besitzers dieser Gegenstände das allerpersönlichste.

Des Rechts der häuslichen Gesellschaft
erster Titel:

Das Eherecht.

§. 24.

Geschlechtsgemeinschaft (commercium sexuale) ist der wechselseitige Gebrauch, den ein Mensch von eines anderen Geschlechtsorganen und Vermögen macht (vsus membrorum et facultatum sexualium alterius) und **entweder** ein **natürlicher** (wodurch seines Gleichen erzeugt werden kann), oder **unnatürlicher** Gebrauch, und

dieser

dieser entweder an einer Person ebendesselben Geschlechts, oder einem Thiere von einer anderen als der Menschen-Gattung; welche Uebertretungen der Gesetze, unnatürliche Laster (crimina carnis contra naturam), die auch unnennbar heißen, als Läsion der Menschheit in unserer eigenen Person, durch gar keine Einschränkungen und Ausnahmen wider die gänzliche Verwerfung gerettet werden können.

Die natürliche Geschlechtsgemeinschaft ist nun entweder die nach der bloßen thierischen Natur (vaga libido, venus volgivaga, fornicatio), oder nach dem Gesetz. — Die letztere ist die Ehe (matrimonium), d. i. die Verbindung zweyer Personen verschiedenen Geschlechts zum lebenswierigen wechselseitigen Besitz ihrer Geschlechtseigenschaften. — Der Zweck, Kinder zu erzeugen und zu erziehen, mag immer ein Zweck der Natur seyn, zu welchem sie die Neigung der Geschlechter gegeneinander einpflanzte; aber daß der Mensch, der sich verehlicht, diesen Zweck sich vorsetzen müsse, wird zur Rechtmäßigkeit dieser seiner Verbindung nicht erfordert; denn sonst würde, wenn das Kinderzeugen aufhört, die Ehe sich zugleich von selbst auflösen.

Es ist nämlich, auch unter Voraussetzung der Lust zum wechselseitigen Gebrauch ihrer Geschlechtseigenschaften, der Ehevertrag kein beliebiger, sondern durchs Gesetz der Menschheit nothwendiger Vertrag, d. i., wenn Mann und Weib einander ihren Geschlechtseigenschaften nach

nach wechselseitig genießen wollen, so müssen sie sich nothwendig verehlichen, und dieses ist nach Rechtsgesetzen der reinen Vernunft nothwendig.

§. 25.

Denn der natürliche Gebrauch, den ein Geschlecht von den Geschlechtsorganen des Anderen macht, ist ein Genuß, zu dem sich ein Theil dem Anderen hingiebt. In diesem Act macht sich ein Mensch selbst zur Sache, welches dem Rechte der Menschheit an seiner eigenen Person widerstreitet. Nur unter der einzigen Bedingung ist dieses möglich, daß, indem die eine Person von der Anderen, gleich als Sache, erworben wird, diese gegenseitig wiederum jene erwerbe; denn so gewinnt sie wiederum sich selbst und stellt ihre Persönlichkeit wieder her. Es ist aber der Erwerb eines Gliedmaßes am Menschen zugleich Erwerbung der ganzen Person, — weil diese eine absolute Einheit ist; — folglich ist die Hingebung und Annehmung eines Geschlechts zum Genuß des Andern nicht allein unter der Bedingung der Ehe zulässig, sondern auch allein unter derselben möglich. Daß aber dieses persönliche Recht es doch zugleich auf dingliche Art sey, gründet sich darauf, weil, wenn eines der Eheleute sich verlaufen, oder sich in eines Anderen Besitz gegeben hat, das Andere es jederzeit und unweigerlich, gleich als eine Sache, in seine Gewalt zurückzubringen berechtigt ist.

§. 26.

§. 26.

Aus denselben Gründen ist das Verhältniß der Verehlichten ein Verhältniß der Gleichheit des Besitzes, sowohl der Personen, die einander wechselseitig besitzen, (folglich nur in Monogamie, denn in einer Polygamie gewinnt die Person, die sich weggiebt, nur einen Theil desjenigen, dem sie ganz anheim fällt, und macht sich also zur bloßen Sache), als auch der Glücksgüter, wobey sie doch die Befugniß haben, sich, obgleich nur durch einen besonderen Vertrag, des Gebrauchs eines Theils derselben zu begeben.

Daß der Concubinat keines zu Recht beständigen Contracts fähig sey, so wenig als die Verdingung einer Person zum einmaligen Genuß (pactum fornicationis), folgt aus dem obigen Grunde. Denn, was denn letzteren Vertrag betrift: so wird jedermann gestehen, daß die Person, welche ihn geschlossen hat, zur Erfüllung ihres Versprechens rechtlich nicht angehalten werden könnte, wenn es ihr gereuete; und so fällt auch der erstere, nämlich der des Concubinats, (als pactum turpe) weg, weil dieser ein Contract der Verdingung (locatio-conductio) seyn würde, und zwar eines Gliedmaßes zum Gebrauch eines Anderen, mithin wegen der unzertrennlichen Einheit der Glieder an einer Person die sich selbst als Sache der Willkühr des Anderen hingeben würde; daher jeder Theil den eingegangenen Vertrag mit dem Anderen aufheben kann, so bald es ihm beliebt, ohne daß der andere über Läsion seines Rechts gegründete Beschwerde schwerbe führen kann. — Eben dasselbe gilt auch von der Ehe an der linken Hand, um die Ungleichheit des Standes beyder Theile zur größeren Herrschaft des einen Theils über den anderen zu benutzen; denn in der That ist sie nach dem bloßen Naturrecht vom Concubinat nicht unterschieden, und keine wahre Ehe. — Wenn daher die Frage ist: ob es auch der Gleichheit der Verehlichten, als solcher widerstreite, wenn das Gesetz von dem Manne in Verhältniß auf das Weib sagt: er soll dein Herr (er der befehlende, sie der gehorchende Theil) seyn; so kann dieses nicht als der natürlichen Gleichheit eines Menschenpaares widerstreitend angesehen werden, wenn dieser Herrschaft nur die natürliche Ueberlegenheit des Vermögens des Mannes über das weibliche, in Bewirkung des gemeinschaftlichen Interesse des Hauswesens und des darauf gegründeten Rechts zum Befehl zum Grunde liegt, welches daher selbst aus der Pflicht der Einheit und Gleichheit in Ansehung des Zwecks abgeleitet werden kann.

§. 27.

Der Ehe=Vertrag wird nur durch eheliche Beywohnung (copula carnalis) vollzogen. Ein Vertrag zweyer Personen beyderley Geschlechts, mit dem geheimen Einverständniß entweder sich der fleischlichen Gemeinschaft zu enthalten, oder mit dem Bewußtseyn eines, oder beyder Theile, dazu unvermögend zu seyn, ist ein simulirter Vertrag und stiftet keine Ehe; kann auch durch jeden von beyden nach Belieben aufgelöset werden.

Tritt

Tritt aber das Unvermögen nur nachher ein, so kann jenes Recht durch diesen unverschuldeten Zufall nichts einbüßen.

Die Erwerbung einer Gattin oder eines Gatten geschieht also nicht facto (durch die Beywohnung) ohne vorhergehenden Vertrag, auch nicht pacto (durch den bloßen ehelichen Vertrag, ohne nachfolgende Beywohnung) sondern nur lege: d.i. als rechtliche Folge aus der Verbindlichkeit in eine Geschlechtsverbindung nicht anders, als vermittelst des wechselseitigen Besitzes der Personen, als welcher nur durch den gleichfalls wechselseitigen Gebrauch ihrer Geschlechtseigenthümlichkeiten seine Wirklichkeit erhält, zu treten.

Des Rechts der häuslichen Gesellschaft zweyter Titel:

Das Elternrecht.

§. 28.

Gleichwie aus der Pflicht des Menschen gegen sich selbst, d. i. gegen die Menschheit in seiner eigenen Person ein Recht (ius personale) beyder Geschlechter entsprang, sich, als Personen, wechselseitig einander, auf dingliche Art, durch Ehe zu erwerben: so folgt, aus der Zeugung in dieser Gemeinschaft, eine Pflicht der Erhaltung und Versorgung in Absicht auf ihr Erzeugniß, d. i. die Kinder, als Personen, haben hiemit zugleich ein ursprünglich = angebohrnes (nicht angeerbtes) Recht auf ihre Versorgung durch Eltern, bis sie vermögend sind, sich selbst zu erhalten; und zwar durchs Gesetz (lege) unmittelbar, d. i. ohne daß ein besonderer rechtlicher Act dazu erforderlich ist.

Denn da das Erzeugte eine Person ist, und es unmöglich ist, sich von der Erzeugung eines mit Freyheit begabten Wesens durch eine physische Operation einen Begrif zu machen*): so ist es eine in practischer Hinsicht ganz richtige und auch nothwendige Idee, den Act der Zeugung als einen solchen anzusehen, wodurch wir eine

*) Selbst nicht wie es möglich ist daß Gott freye Wesen erschaffe; denn da wären, wie es scheint, alle künftige Handlungen derselben, durch jenen ersten Act vorherbestimmt, in der Kette der Naturnothwendigkeit enthalten, mithin nicht frey. Daß sie aber (wir Menschen) doch frey sind, beweiset der categorische Imperativ im moralisch = practischer Absicht, wie durch einen Machtspruch der Vernunft, ohne daß diese doch die Möglichkeit dieses Verhältnisses einer Ursache zur Wirkung in theoretischer begreiflich machen kann, weil beyde übersinnlich sind. — Was man ihr hiebey allein zumuthen kann, wäre bloß: daß sie beweise, es sey in dem Begriffe von einer Schöpfung freyer Wesen kein Widerspruch; und dieses kann dadurch gar wohl geschehen, daß gezeigt wird: der Widerspruch eräugne sich nur dann, wenn mit der Categorie der Caussalität zugleich die Zeitbedingung, die im Verhältniß zu Sinnenobjecten nicht vermieden werden kann eine Person ohne ihre Einwilligung auf die Welt gesetzt, und eigenmächtig in sie herüber gebracht haben; für welche That auf den Eltern nun auch eine Verbindlichkeit haftet, sie, so viel in ihren Kräften ist, mit diesem ihrem Zustande zufrieden zu machen. — Sie können ihr Kind nicht gleichsam als ihr Gemächsel (denn ein solches kann kein mit Freyheit begabtes Wesen seyn) und als ihr Eigenthum zerstöhren oder es auch nur dem Zufall überlassen, weil an ihm nicht bloß ein Weltwesen, sondern auch ein Weltbürger in einen Zustand herübergezogen, der ihnen nun auch nach Rechtsbegriffen nicht gleichgültig seyn kann.

§. 29.

kann (daß nämlich der Grund einer Wirkung vor dieser vorhergehe), auch in das Verhältniß des Uebersinnlichen zu einander hinüber gezogen wird, (welches auch wirklich, wenn jener Caussalbegrif in theoretischer Absicht objective Realität bekommen soll, geschehen müßte), er — der Widerspruch — aber verschwinde, wenn in moralisch-practischer, mithin nicht-sinnlicher Absicht, die reine Categorie (ohne ein ihr untergelegtes Schema) im Schöpfungsbegriffe gebraucht wird.

Der philosophische Rechtslehrer wird diese Nachforschung bis zu den ersten Elementen der Transcendentalphilosophie in einer Metaphysik der Sitten nicht für unnöthige Grübeley erklären, die sich in zwecklose Dunkelheit verliert, wenn er in die Schwierigkeit der zu lösenden Aufgabe und doch auch die Nothwendigkeit, hierin den Rechtsprincipien genug zu thun, in Ueberlegung zieht.

H

§. 29.

Aus dieser Pflicht entspringt auch nothwendig das Recht der Eltern zur Handhabung und Bildung des Kindes, so lange es des eigenen Gebrauchs seiner Gliedmaßen, imgleichen des Verstandesgebrauchs, noch nicht mächtig ist, außer der Ernährung und Pflege es zu erziehen, und sowohl **pragmatisch**, damit es künftig sich selbst erhalten und fortbringen könne, als auch **moralisch**, weil sonst die Schuld ihrer Verwahrlosung auf die Eltern fallen würde, — es zu bilden; Alles bis zur Zeit der Entlassung, (emancipatio), da diese, sowohl ihrem väterlichen Rechte zu befehlen, als auch allem Anspruch auf Kostenerstattung für ihre bisherige Verpflegung und Mühe entsagen, wofür, und nach vollendeter Erziehung, sie der Kinder ihre Verbindlichkeit (gegen die Eltern) nur als bloße Tugendpflicht, nämlich als Dankbarkeit, in Anschlag bringen können.

Aus dieser Persönlichkeit der erstern folgt nun auch, daß, da die Kinder nie als Eigenthum der Eltern angesehen werden können, aber doch zum Mein und Dein derselben gehören (weil sie gleich den Sachen im Besitz der Eltern sind, und aus jedes Anderen Besitz, selbst wider ihren Willen, in diesen zurückgebracht werden können), das Recht der ersteren kein bloßes Sachenrecht, mithin nicht veräußerlich (ius personalissimum), aber auch nicht ein bloß persönliches, sondern ein **auf dingliche Art persönliches Recht** ist.

Hiebey fällt also in die Augen, daß der Titel eines auf dingliche Art persönlichen Rechts in der Rechtslehre noch über dem des Sachen= und persönlichen Rechts nothwendig hinzukommen müsse, jene bisherige Eintheilung also nicht vollständig gewesen ist, weil, wenn von dem Recht der Eltern an den Kindern, als einem Stück ihres Hauses, die Rede ist, jene sich nicht bloß auf die Pflicht der Kinder berufen dürfen, zurückzukehren, wenn sie entlaufen sind, sondern sich ihrer als Sachen (verlaufener Hausthiere) zu bemächtigen, und sie einzufangen berechtigt sind.

Des Rechts der häuslichen Gesellschaft dritter Titel:

Das Hausherren Recht.

§. 30.

Die Kinder des Hauses, die mit den Eltern zusammen eine Familie ausmachten, werden, auch ohne allen Vertrag der Aufkündigung ihrer bisherigen Abhängigkeit, durch die bloße Gelangung zu dem Vermögen ihrer Selbsterhaltung (so wie es, theils als natürliche Volljährigkeit, dem allgemeinen Laufe der Natur überhaupt, theils ihrer besonderen Naturbeschaffenheit gemäß, eintritt,) mündig (majorennes), d. i. ihre eigene Herren (sui iuris), und erwerben dieses Recht ohne besonderen rechtlichen Act, mithin bloß durchs Gesetz (lege) — sind den Eltern für ihre Erziehung nichts schuldig, so wie gegenseitig die letzteren ihrer Verbindlichkeit gegen diese auf ebendieselbe Art loswerden, hiemit beyde ihre natürliche Freyheit gewinnen oder wieder gewinnen — die häusliche Gesellschaft aber, welche nach dem Gesetz nothwendig war, nunmehr aufgelöset wird.

Beyde Theile können nun wirklich ebendasselbe Hauswesen, aber in einer anderen Verpflichtung, nämlich als Verknüpfung des Hausherren mit dem Gesinde (den Dienern oder Dienerinnen des Hauses), mithin eben diese häusliche Gesellschaft, aber jetzt als Hausherrliche (societas herilis) erhalten, durch einen Vertrag, den der erste mit den mündig gewordenen Kindern, oder, wenn die Familie keine Kinder hat, mit anderen freyen Personen (der Hausgenossenschaft) eine häusliche Gesellschaft stiften, welche eine ungleiche Gesellschaft (des gebietenden, oder der Herrschaft und der gehorchenden, d.i. der Dienerschaft (imperantis et subjecti domestici) seyn würde.

Das Gesinde gehört nun zu dem Seinen des Hausherrn, und zwar was die Form (den Besitzstand) betrift, gleich als nach einem Sachenrecht; denn der Hausherr kann, wenn es ihm entläuft, es durch einseitige Willkühr in seine Gewalt bringen; was aber die Materie betrift, d.i. welchen Gebrauch er von diesen seinen Hausgenossen machen kann, so kann er sich nie als Eigenthümer desselben (dominus serui) betragen: weil er nur durch

durch Vertrag unter seine Gewalt gebracht ist, ein Vertrag aber, durch den ein Theil zum Vortheil des Anderen auf seine ganze Freyheit Verzicht thut, mithin aufhört, eine Person zu seyn, folglich auch keine Pflicht hat, einen Vertrag zu halten, sondern nur Gewalt anerkennt, in sich selbst widersprechend, d. i. null und nichtig ist. (Von dem Eigenthumsrecht gegen den, der sich durch ein Verbrechen seiner Persönlichkeit verlustig gemacht hat, ist hier nicht die Rede).

Dieser Vertrag also der Hausherrschaft mit dem Gesinde, kann nicht von solcher Beschaffenheit seyn, daß der Gebrauch desselben ein Verbrauch seyn würde, worüber das Urtheil aber nicht bloß dem Hausherrn, sondern auch der Dienerschaft (die also nie Leibeigenschaft seyn kann) zukommt; kann also nicht auf lebenslängliche, sondern allenfalls nur auf bestimmte Zeit, binnen der ein Theil dem anderen die Verbindung aufkündigen darf, geschlossen werden. Die Kinder aber, (selbst die eines durch sein Verbrechen zum Sclaven gewordenen) sind jederzeit frey. Denn frey gebohren ist jeder Mensch, weil er noch nichts verbrochen hat, und die Kosten der Erziehung bis zu seiner Volljährigkeit können ihm auch nicht als eine Schuld angerechnet werden, die er zu tilgen habe. Denn der Sclave müßte, wenn er könnte, seine Kinder auch erziehen, ohne ihnen dafür Kosten zu verrechnen der Besitzer des Sclaven tritt also, bey dieses seinem Unvermögen, in die Stelle seiner Verbindlichkeit.

Man sieht auch hier, wie unter beyden vorigen Titeln, daß es ein auf dingliche Art persönliches Recht (der Herrschaft über das Gesinde) gebe; weil man sie zurück holen, und als das äußere Seine von jedem Besitzer abfordern kann, ehe noch die Gründe, welche sie dazu vermocht haben mögen, und ihr Recht untersucht werden dürfen.

Dogmatische Eintheilung
aller erwerblichen Rechte aus Verträgen.

§. 31.

Von einer metaphysischen Rechtslehre kann gefordert werden, daß sie a priori die Glieder der Eintheilung (diuisio logica) vollständig und bestimmt aufzähle, und so ein wahres System derselben aufstelle; statt dessen alle empirische Eintheilung bloß fragmentarisch (partitio) ist, und es ungewiß läßt, ob es nicht noch mehr Glieder gebe, welche zur Ausfüllung der ganzen Sphäre des eigentlichen Begrifs erfordert würden. — Eine Eintheilung nach einem Princip a priori (im Gegensatz der empirischen) kann man nun dogmatisch nennen.

Aller Vertrag besteht an sich, d. i. objectiv betrachtet, aus zwey rechtlichen Acten: dem Versprechen und der Annehmung desselben; die Erwerbung durch die letztere

Von dem auf dingliche Art persönl. Recht. 119

letztere (wenn es nicht ein pactum in re initum ist, welches Uebergabe erfordert) ist nicht ein Theil, sondern die rechtlich nothwendige Folge desselben. — Subjectiv aber erwogen, d. i. als Antwort auf die Frage: ob jene nach der Vernunft nothwendige Folge (welche die Erwerbung seyn sollte) auch wirklich erfolgen, (physische Folge seyn) werde, dafür habe ich durch die Annehmung des Versprechens noch keine Sicherheit. Diese ist also, als äußerlich zur Modalität des Vertrages, nämlich der Gewißheit der Erwerbung durch denselben, gehörend, ein Ergänzungsstück zur Vollständigkeit der Mittel zur Erreichung der Absicht des Vertrags, nämlich der Erwerbung. — Es treten zu diesem Behuf drey Personen auf: der Promittent, der Acceptant und der Cavent; durch welchen letzteren, und seinen besonderen Vertrag mit dem Promittenten, der Acceptant zwar nichts mehr in Ansehung des Objects, aber doch der Zwangsmittel gewinnt, zu dem Seinen zu gelangen.

Nach diesen Grundsätzen der logischen (rationalen) Eintheilung, giebt es nun eigentlich nur drey einfache und reine Vertragsarten, der vermischten aber und empirischen, welche zu den Principien des Mein und Dein nach bloßen Vernunftgesetzen, noch statuarische und conventionelle hinzuthun, giebt es unzählige, sie liegen aber außerhalb dem Kreise der metaphysischen Rechtslehre, die hier allein verzeichnet werden soll.

Alle Verträge nämlich haben entweder, A. einseitigen Erwerb (wohlthätiger Vertrag), oder, B. wechselseitigen (belästigter Vertrag) oder gar keinen Erwerb, sondern nur C. Sicherheit des Seinen (der einerseits wohlthätig, anderseits doch auch zugleich belästigend seyn kann) zur Absicht.

A. Der **wohlthätige** Vertrag (pactum gratuitum) ist:

    a) Die Aufbewahrung des anvertrauten Guts (depositum),

    b) Das Verleihen einer Sache (commodatum),

    c) Die Verschenkung (donatio).

B. Der **belästigte** Vertrag.

  I. Der Veräußerungsvertrag (permutatio late sic dicta).

    a) Der Tausch (permutatio stricte sic dicta) Waare gegen Waare.

    b) Der Kauf und Verkauf (emtio venditio). Waare gegen Geld.

    c) Die Anleihe (mutuum): Veräußerung einer Sache unter der Bedingung, sie nur der Species nach wieder zu erhalten, (z. B. Getrayde gegen Getrayde, oder Geld gegen Geld).

  II. Der Verbindungsvertrag (locatio conductio).

    α. Die Verdingung meiner Sache an einen andern zum Gebrauch derselben (locatio rei) welche, wenn sie nur in specie wiedererstattet werden darf,

darf, als belästigter Vertrag, auch mit Verzinsung verbunden seyn kann (pactum usurarium).

β. Der **Lohnvertrag** (locatio operae) d. i. die Bewilligung des Gebrauchs meiner Kräfte an einen Anderen für einen bestimmten Preis (merces). Der Arbeiter nach diesem Vertrage ist der Lohndiener (mercenarius).

γ. Der **Bevollmächtigungsvertrag** (mandatum): Die Geschäftsführung an der Stelle und im Namen eines Anderen, welche, wenn sie bloß an des anderen Stelle, nicht zugleich in seinem (des Vertretenen) Nahmen, geführt wird, Geschäftsführung ohne Auftrag (gestio negotii); wird sie aber im Nahmen des Anderen verrichtet, Mandat heißt, das hier, als Verdingungsvertrag, ein belästigter Vertrag (mandatum onerosum) ist.

C. Der **Zusicherungsvertrag**. (cautio).
  a) Die Verpfändung und Pfandnehmung zusammen (pignus).
  b) Die Entsagung für das Versprechen eines Anderen (fideiussio).
  c) Die persönliche Verbürgung (praestatio obsidis).

In dieser Tafel aller Arten der Uebertragung (translatio) des Seinen auf einen Anderen, finden sich Begriffe von Objecten, oder Werkzeugen dieser Uebertragung vor, welche ganz empirisch zu seyn, und selbst ihrer Möglichkeit nach, in einer metaphysischen

schen Rechtslehre, eigentlich nicht Platz haben, in der die Eintheilungen nach Principien a priori gemacht werden müssen, mithin von der Materie des Verkehrs (welche conventionell seyn könnte) abstrahirt, und bloß auf die Form gesehen werden muß, dergleichen der Begrif des Geldes, im Gegensatz mit aller anderen veräußerlichen Sache, nämlich der Waare, im Titel des Kaufs und Verkaufs, oder der eines Buchs ist. — Allein es wird sich zeigen, daß jener Begrif des größten und brauchbarsten aller Mittel des Verkehrs der Menschen mit Sachen, Kauf und Verkauf (Handel) genannt, imgleichen der eines Buchs, als das des größten Verkehrs der Gedanken, sich doch in lauter intellectuelle Verhältnisse auflösen lasse, und so die Tafel der reinen Verträge nicht durch empirische Beymischung verunreinigen dürfe.

I.
Was ist Geld?

Geld ist eine Sache, deren Gebrauch nur dadurch möglich ist, daß man sie veräußert. Dieß ist eine gute Namenerklärung desselben, (nach Achenwall), nämlich hinreichend zur Unterscheidung dieser Art Gegenstände der Willkühr von allen andern; aber sie giebt uns keinen Aufschluß über die Möglichkeit einer solchen Sache. Doch sieht man so viel daraus: daß erstlich diese Veräußerung im Verkehr nicht als Verschenkung, sondern als zur wechselseitigen Erwerbung (durch ein pactum onerosum) beabsichtigt ist; zweytens daß, da es als (in einem Volke) allgemein beliebtes bloßes Mittel des Han=

Handels, was an sich keinen Werth hat, im Gegensatz einer Sache, als Waare, (d. i. desjenigen, was einen solchen hat, und sich auf das besondere Bedürfniß eines oder des anderen im Volke bezieht) gedacht wird, es alle Waare repräsentirt.

Ein Scheffel Getrayde hat den größten directen Werth als Mittel zu menschlichen Bedürfnissen. Man kann damit Thiere futtern, die uns zur Nahrung, zur Bewegung und zur Arbeit an unserer statt, und dann auch vermittelst desselben also Menschen vermehren und erhalten, welche nicht allein jene Naturproducte immer wieder erzeugen, sondern auch durch Kunstproducte allen unseren Bedürfnissen zu Hülfe kommen können; zur Verfertigung unserer Wohnung, Kleidung, ausgesuchtem Genuße und aller Gemächlichkeit überhaupt, welche die Güter der Industrie ausmachen. Der Werth des Geldes ist dagegen nur indirect. Man kann es selbst nicht genießen, oder als ein solches irgend wozu unmittelbar gebrauchen; aber doch ist es ein Mittel, was unter allen Sachen von der höchsten Brauchbarkeit ist.

Hierauf läßt sich vorläufig eine Realdefinition des Geldes gründen: es ist das allgemeine Mittel den Fleiß der Menschen gegen einander zu verkehren, so, daß der Nationalreichthum, in so fern er vermittelst des Geldes erworben worden, eigentlich nur die Summe des Fleißes ist, mit dem Menschen sich untereinander lohnen, und welcher durch das in dem Volk umlaufende Geld repräsentirt wird.

Die

Die Sache nun, welche Geld heißen soll, muß also selbst so viel Fleiß gekostet haben, um sie hervorzubringen, oder auch anderen Menschen in die Hände zu schaffen, daß dieser demjenigen Fleiß, durch welchen die Waare (in Natur= oder Kunstproducten) hat erworben werden müssen, und gegen welchen jener ausgetauscht wird, gleich komme. Denn wäre es leichter den Stoff, der Geld heißt, als die Waare anzuschaffen, so käme mehr Geld zu Markte, als Waare feil steht, und weil der Käufer mehr Fleiß auf seine Waare verwenden müßte, als der Käufer, dem das Geld schneller zuströhmt: so würde der Fleiß in Verfertigung der Waare und so das Gewerbe überhaupt mit dem Erwerbfleiß, der den öffentlichen Reichthum zur Folge hat, zugleich schwinden und verkürzt werden. — Daher können Banknoten und Assignaten nicht für Geld angesehen werden, ob sie gleich eine Zeit hindurch die Stelle desselben vertreten; weil es beynahe gar keine Arbeit kostet, sie zu verfertigen, und ihr Werth sich bloß auf die Meinung der ferneren Fortdauer der bisher gelungenen Umsetzung derselben in Baarschaft gründet, welche, bey einer etwanigen Entdeckung, daß die letztere nicht in einer zum leichten und sicheren Verkehr hinreichenden Menge da sey, plötzlich verschwindet, den Ausfall der Zahlung unvermeidlich macht. — So ist der Erwerbfleiß derer, welche die Gold= und Silberbergwerke in Peru, oder Neamerico anbauen, vornehmlich bey den so vielfältig mißlingenden Versuchen eines vergeblich angewandten Fleißes, im Aufsuchen der Erzgänge, wahrscheinlich noch größer, als der auf der Verferti=

fertigung der Waaren in Europa verwendete, und würde, als unvergolten, mithin von selbst nachlassend, jene Länder bald in Armuth sinken lassen, wenn nicht der Fleiß Europens dagegen, eben durch diese Materialien gereitzt, sich proportionirlich zugleich erweiterte, um bei jenen die Lust zum Bergbau, durch ihnen angebotene Sachen des Luxus, beständig rege zu erhalten; so daß immer Fleiß gegen Fleiß in Concurrenz kommen.

Wie ist es aber möglich, daß das, was anfänglich Waare war, endlich Geld ward? Wenn ein großer und machthabender Verthuer einer Materie, die er anfangs bloß zum Schmuck und Glanz seiner Diener (des Hofes) brauchte (z. B. Gold, Silber, Kupfer, oder eine Art schöner Muschelschalen, Cauris, oder auch, wie in Congo, eine Art Matten, Makuten genannt, oder, wie am Senegal, Eisenstangen, und auf der Guineaküste selbst Negersclaven); d. i. wenn ein Landesherr die Abgaben von seinen Unterthanen in dieser Materie (als Waare) einfordert, und die, deren Fleiß in Anschaffung derselben dadurch bewegt werden soll, mit eben denselben, nach Verordnungen des Verkehrs unter und mit ihnen überhaupt, (auf einem Markt, oder einer Börse) wieder lohnt. — Dadurch allein hat (meinem Bedünken nach) eine Waare ein gesetzliches Mittel des Verkehrs des Fleißes der Unterthanen unter einander, und hiemit auch des Staatsreichthums, d. i. Geld, werden können.

Der

Der intellectuelle Begrif, dem der empirische vom Gelde untergelegt ist, ist also der von einer Sache, die, im Umlauf des Besitzes begriffen (permutatio publica), den **Preis** aller anderen Dinge (Waaren) bestimmt, unter welche letztere so gar Wissenschaften, so fern sie Anderen nicht umsonst gelehrt werden, gehören; dessen Menge also in einem Volk die Begüterung (opulentia) desselben ausmacht. Denn Preis (pretium) ist das öffentliche Urtheil über den **Werth** (valor) einer Sache, in Verhältniß auf die proportionirte Menge desjenigen, was das allgemeine stellvertretende Mittel der gegenseitigen Vertauschung des **Fleißes** (des Umlaufs) ist. — Daher werden, wo der Verkehr groß ist, weder Gold noch Kupfer für eigentliches Geld, sondern nur für Waare gehalten; weil von dem ersteren zu wenig, vom anderen zu viel da ist, um es leicht in Umlauf zu bringen, und dennoch in so kleinen Theilen zu haben, als zum Umsatz gegen Waare, oder eine Menge derselben im kleinsten Erwerb nöthig ist. Silber (weniger oder mehr mit Kupfer versetzt) wird daher im großen Verkehr der Welt für das eigentliche Material des Geldes und den Maßstab der Berechnung aller Preise genommen; die übrigen Metalle (noch vielmehr also die unmetallischen Materien) können nur in einem Volk von kleinem Verkehr statt finden. — Die erstern beyden, wenn sie nicht bloß gewogen, sondern auch gestempelt, d. i. mit einem Zeichen, für wie viel sie gelten sollen, versehen worden, sind gesetzliches Geld, d. i. **Münze**.

«Geld

»Geld ist also (nach Adam Smith) derjenige Körper, dessen Veräußerung das Mittel und zugleich der Maaßstab des Fleißes ist, mit welchem Menschen und Völker unter einander Verkehr treiben.« — Diese Erklärung führt den empirischen Begriff des Geldes dadurch auf den intellektuellen hinaus, daß sie nur auf die Form der wechselseitigen Leistungen im belästigten Vertrage sieht, (und von dieser ihrer Materie abstrahirt) und so auf Rechtsbegriff in der Umsetzung des Mein und Dein (commutatio late sic dicta) überhaupt, um die obige Tafel einer dogmatischen Eintheilung a priori, mithin der Metaphysik des Rechts, als eines Systems, angemessen vorzustellen.

II.
Was ist ein Buch?

Ein Buch ist eine Schrift, (ob mit der Feder oder durch Typen, auf wenig oder viel Blättern verzeichnet, ist hier gleichgültig) welche eine Rede vorstellt, die jemand durch sichtbare Sprachzeichen an das Publikum hält. — Der, welcher zu diesem in seinem eigenen Namen spricht, heißt der Schriftsteller (autor). Der, welcher durch eine Schrift im Namen eines Andern (des Autors) öffentlich redet, ist der Verleger. Dieser, wenn er es mit Jenes seiner Erlaubniß thut, ist der rechtmäßige; thut er es aber ohne dieselbe, der unrechtmäßige Verleger, d. i. der Nachdrucker. Die Summe aller Copeyen der Urschrift (Exemplare) ist der Verlag.

Der

Der Büchernachdruck
ist von rechtswegen verboten.

Schrift ist nicht unmittelbar Bezeichnung eines Begriffs (wie etwa ein Kupferstich, der als Porträt, oder ein Gypsabguß, der als die Büste eine bestimmte Person vorstellt) sondern eine Rede aus Publikum, d. i. der Schriftsteller spricht durch den Verleger öffentlich. — Dieser aber, nämlich der Verleger, spricht (durch seinen Werkmeister, operarius, den Drucker) nicht in seinem eigenen Namen, (denn sonst würde er sich für den Autor ausgeben); sondern im Namen des Schriftstellers, wozu er also nur durch eine ihm von dem letzteren ertheilte Vollmacht (mandatum) berechtigt ist. — Nun spricht der Nachdrucker durch seinen eigenmächtigen Verlag zwar auch im Namen des Schriftstellers, aber ohne dazu Vollmacht von demselben zu haben (gerit se mandatarium absque mandato); folglich begeht er an dem von dem Autor bestellten (mithin einzig rechtmäßigen) Verleger ein Verbrechen der Entwendung des Vortheils, den der letztere aus dem Gebrauch seines Rechts ziehen konnte und wollte (furtum usus); also ist der Büchernachdruck von rechtswegen verboten.

Die Ursache des rechtlichen Anscheins einer gleichwohl beym ersten Anblick so stark auffallenden Ungerechtigkeit, als der Büchernachdruck ist, liegt darin: daß das Buch einerseits ein körperliches Kunstproduct (opus mechanicum) ist, was nachgemacht werden kann

kann (von dem, der sich im rechtmäßigen Besitz eines Exemplars desselben befindet) mithin daran ein Sachenrecht statt hat: andrerseits aber ist das Buch auch bloße Rede des Verlegers ans Publikum, die dieser, ohne dazu Vollmacht vom Verfasser zu haben, öffentlich nicht nachsprechen darf (praelatio operae), ein **persönliches Recht**, und nun besteht der Irrthum darin, daß beydes mit einander verwechselt wird.

* *

Die Verwechselung des persönlichen Rechts mit dem Sachenrecht ist noch in einem anderen, unter den Verdingungsvertrag gehörigen, Falle (B. II. α.), nämlich dem der **Einmiethung** (ius incolatus), ein Stoff zu Streitigkeiten. — Es frägt sich nämlich: Ist der Eigenthümer, wenn er sein an jemanden vermiethetes Haus (oder seinen Grund) vor Ablauf der Miethszeit an einen Anderen verkauft, verbunden, die Bedingungen der fortdauernden Miethe dem Kaufcontracte beyzufügen, oder kann man sagen: Kauf bricht Miethe, (doch in einer durch den Gebrauch bestimmten Zeit der Aufkündigung)? — Im ersteren Fall hätte das Haus wirklich eine Belästigung (onus) auf sich liegend, ein Recht in dieser Sache, das der Miether sich an derselben (dem Hause) erworben hätte; welches auch wohl geschehen kann (durch Ingrossation des Miethscontracts auf das Haus), aber alsdann kein bloßer Miethscontract seyn würde,

würde, sondern wozu noch ein anderer Vertrag (dazu sich nicht viel Vermiether verstehen würden) hinzukommen müßte. Also gilt der Satz: »Kauf bricht Miethe«, d.i. das volle Recht in einer Sache (das Eigenthum) überwiegt alles persönliche Recht, was mit ihm nicht zusammen bestehen kann; wobey doch die Klage aus dem Grunde des letzteren dem Miether offen bleibt, ihn wegen des aus der Zerreißung des Contracts entspringenden Nachtheils schadenfrey zu halten.

Episodischer Abschnitt.
Von der idealen Erwerbung eines äußeren Gegenstandes der Willkühr.

§. 32.

Ich nenne diejenige Erwerbung ideal, die keine Caussalität in der Zeit enthält, mithin eine bloße Idee der reinen Vernunft zum Grunde hat. Sie ist nichtsdestoweniger wahre, nicht eingebildete, Erwerbung, und heißt nur darum nicht real, weil der Erwerbact nicht empirisch ist, indem das Subject von einem Anderen, der entweder noch nicht ist (von dem man bloß die Möglichkeit annimmt, daß er sey), oder indem dieser eben aufhört zu seyn, oder, wenn er nicht mehr ist, erwirbt, mithin die Gelangung zum Besitz eine bloße practische Idee der Vernunft ist. — Es sind die drey Erwerbungsarten: 1) durch Ersitzung, 2) durch Beerbung, 3) durch unsterbliches Verdienst (meritum
im-

immortale) d. i. Anspruch auf den guten Namen nach dem Tode. Alle drey können zwar nur im öffentlichen rechtlichen Zustande ihren Effect haben, gründen sich aber nicht nur auf der Constitution desselben und willführlichen Statuten, sondern sind auch a priori im Naturzustande, und zwar nothwendig zuvor, denkbar, um hernach die Gesetze in der bürgerlichen Verfassung darnach einzurichten, (sunt iuris naturae).

I.

Die Erwerbungsart
durch Ersitzung.

§. 33.

Ich erwerbe das Eigenthum eines Anderen bloß durch den langen Besitz (vsucapio); nicht weil ich diese seine Einwilligung dazu rechtmäßig voraussetzen darf (per consensum praesumtum), noch weil ich, da er nicht widerspricht, annehmen kann, er habe seine Sache aufgegeben (rem derelictam), sondern, weil, wenn es auch einen wahren und auf diese Sache als Eigenthümer Anspruch machenden (Prätendenten) gäbe, ich ihn doch bloß durch meinen langen Besitz ausschließen, sein bisheriges Daseyn ignoriren, und gar, als ob er zur Zeit meines Besitzes nur als Gedankending existirte, verfahren darf: wenn ich gleich von seiner Wirklichkeit sowohl, als der seines Anspruchs hinterher benachrichtigt seyn möchte. —

Man nennt diese Art der Erwerbung nicht ganz richtig, die durch Verjährung (per praescriptionem); denn die Ausschließung ist nur als die Folge von jener anzusehen; die Erwerbung muß vorhergegangen seyn. — Die Möglichkeit auf diese Art zu erwerben, ist nun zu beweisen.

Wer nicht einen beständigen Besitzact (actus possessorius) einer äußeren Sache, als der seinen, ausübt, wird mit Recht als einer, der (als Besitzer) gar nicht existirt, angesehen; denn er kann nicht über Läsion klagen, so lange er sich nicht zum Titel eines Besitzers berechtigt, und wenn er sich hinten nach, da schon ein Anderer davon Besitz genommen hat, auch dafür erklärte, so sagt er doch nur, er sey ehedem einmal Eigenthümer gewesen, aber nicht er sey es noch, und der Besitz sey ohne einen continuirlichen rechtlichen Act unterbrochen geblieben. — Es kann also nur ein rechtlicher und zwar sich continuirlich erhaltender und documentirter Besitzact seyn, durch welchen er, bey einem langen Nichtgebrauch, sich das Seine sichert.

Denn setzet: die Versäumung dieses Besitzacts hätte nicht die Folge, daß ein Anderer auf seinen gesetzmäßigen und ehrlichen Besitz (possessio bonae fidei) einen zu Recht beständigen (possessio irrefragabilis) gründe, und die Sache, die in seinem Besitz ist, als von ihm erworben ansehe, so würde gar keine Erwerbung peremtorisch (gesichert), sondern alle nur provisorisch (einstweilig seyn); weil die Geschichtskunde ihre Nachforschung bis zum ersten Besitzer und dessen Erwerbact hinauf zurückzuführen

nicht

Von der idealen Erwerbung.

nicht vermögend ist. — Die Präsumtion, auf welcher sich die Ersitzung (vsucapio) gründet, ist also nicht bloß rechtmäßig (erlaubt, iusta) als Vermuthung, sondern auch rechtlich (praesumtio iuris et de iure) als Voraussetzung nach Zwangsgesetzen (suppositio legalis): wer seinen Besitzact zu documentiren verabsäumt, hat seinen Anspruch auf den dermaligen Besitzer verlohren, wobey die Länge der Zeit der Verabsäumung (die gar nicht bestimmt werden kann und darf) nur zum Behuf der Gewißheit dieser Unterlassung angeführt wird. Daß aber ein bisher unbekannter Besitzer, wenn jener Besitzact (es sey auch ohne seine Schuld) unterbrochen worden, die Sache immer wiedererlangen (vindiciren) könne (dominia rerum incerta facere), widerspricht dem obigen Postulat der rechtlich=practischen Vernunft.

Nun kann ihm aber, wenn er ein Glied des gemeinen Wesens ist, d. i. im bürgerlichen Zustande, der Staat wohl seinen Besitz (stellvertretend) erhalten, ob dieser gleich als Privatbesitz unterbrochen war, und der jetzige Besitzer darf seinen Titel der Erwerbung bis zur ersten nicht beweisen, noch auch sich auf den der Ersitzung gründen. Aber im Naturzustande ist der letztere rechtmäßig, nicht eigentlich eine Sache dadurch zu erwerben, sondern ohne einen rechtlichen Act sich im Besitz derselben zu erhalten: welche Befreyung von Ansprüchen dann auch Erwerbung genannt zu werden pflegt. — Die Präscription des älteren Besitzers gehört also zum Naturrecht (est iuris naturae).

II.

II.

Die Beerbung.
(Acquisitio haereditatis.)

§. 34.

Die Beerbung ist die Uebertragung (translatio) der Habe und des Guts eines Sterbenden auf den Ueberlebenden durch Zusammenstimmung des Willens beyder. — Die Erwerbung des Erbnehmers (haeredis instituti) und die Verlassung des Erblassers (testatoris), d. i. dieser Wechsel des Mein und Dein geschieht in einem Augenblick (articulo mortis), nämlich, da der letztere eben aufhört zu seyn, und ist also eigentlich keine Uebertragung (translatio) im empirischen Sinn, welche zwey Actus nach einander, nämlich, wo der eine zuerst seinen Besitz verläßt, und darauf der Andere darin eintritt, voraussetzt; sondern eine ideale Erwerbung. — Da die Beerbung ohne Vermächtniß (dispositio vltimae voluntatis) im Naturzustande nicht gedacht werden kann, und, ob es ein Erbvertrag (pactum successorium), oder einseitige Erbeseinsetzung (testamentum) sey, es bey der Frage, ob und wie gerade in demselben Augenblick, da das Subject aufhört zu seyn, ein Uebergang des Mein und Dein möglich sey, ankommt, so muß die Frage: wie ist die Erwerbart durch Beerbung möglich? von den mancherley möglichen Formen ihrer Ausführung (die nur in einem gemeinen Wesen statt finden) unabhängig untersucht werden.

»Es

»Es ist möglich, durch Erbeseinsetzung zu erwerben.« — Denn der Eblasser Cajus verspricht und erklärt in seinem letzten Willen dem Titus, der nichts von jenem Versprechen weiß, sein Habe solle im Sterbefall auf diesen übergehen, und bleibt also, so lange er lebt, alleiniger Eigenthümer derselben. Nun kann zwar durch den bloßen einseitigen Willen nichts auf den Anderen übergehen: sondern es wird über dem Versprechen noch Annehmung (acceptatio) des anderen Theils dazu erfordert und ein gleichzeitiger Wille (voluntas simultanea), welcher jedoch hier mangelt; denn so lange Cajus lebt, kann Titus nicht ausdrücklich acceptiren, um dadurch zu erwerben; weil jener nur auf den Fall des Todes versprochen hat (denn sonst wäre das Eigenthum einen Augenblick gemeinschaftlich, welches nicht der Wille des Erblassers ist). — Dieser aber erwirbt doch stillschweigend ein eigenthümliches Recht an der Verlassenschaft als ein Sachenrecht, nämlich ausschlüßlich, sie zu acceptiren (ius in re iacente), daher diese in dem gedachten Zeitpunkt haereditas iacens heißt. Da nun jeder Mensch nothwendigerweise (weil er dadurch wohl gewinnen, nie aber verliehren kann), ein solches Recht, mithin auch stillschweigend acceptirt und Titus nach dem Tode des Cajus in diesem Falle ist, so kann er die Erbschaft durch Annahme des Versprechens erwerben, und sie ist nicht etwa mittlerweile ganz herrenlos (res nullius), sondern nur erledigt (res vacua) gewesen; weil er ausschüßlich das Recht der Wahl hatte, ob er die hinterlassene Habe zu der seinigen machen wollte, oder nicht.

Also

Also sind die Testamente auch nach dem bloßen Naturrecht gültig (sunt iuris naturae); welche Behauptung aber so zu verstehen ist, daß sie fähig und würdig seyn im bürgerlichen Zustande (wenn dieser dereinst eintritt) eingeführt und sanctionirt zu werden. Denn nur dieser (der allgemeine Wille in demselben) bewahrt den Besitz der Verlassenschaft während dessen, daß diese zwischen der Annahme und der Verwerfung schwebt, und eigentlich keinem angehört.

III.

Der Nachlaß eines guten Nahmens nach dem Tode.
(Bona fama defuncti.)

§. 35.

Daß der Verstorbene nach seinem Tode (wenn er also nicht mehr ist) noch etwas besitzen könne, wäre eine Ungereimtheit zu denken, wenn der Nachlaß eine Sache wäre. Nun ist aber der gute Nahme ein angebornes äußeres, obzwar bloß ideales Mein oder Dein, was dem Subject als einer Person anhängt, von deren Natur, ob sie mit dem Tode gänzlich aufhöre zu seyn, oder immer noch als solche übrig bleibe, ich abstrahiren kann und muß, weil ich im rechtlichen Verhältniß auf andere, jede Person bloß nach ihrer Menschheit, mithin als homo noumenon wirklich betrachte, und so ist jeder Versuch, ihn nach dem Tode in üble falsche Nachrede zu bringen,

immer

Von der idealen Erwerbung.

immer bedenklich; obgleich eine gegründete Anklage desselben gar wohl statt findet, (mithin der Grundsatz: de mortuis nihil nisi bene, unrichtig ist) weil gegen den Abwesenden, welcher sich nicht vertheidigen kann, Vorwürfe auszustreuen, ohne die größte Gewißheit derselben, wenigstens ungroßmüthig ist.

Daß durch ein tadelloses Leben und einen dasselbe beschließenden Tod der Mensch einen (negativ=) guten Namen als das Seine, welches ihm übrig bleibt, erwerbe, wenn er als homo phaenomenon nicht mehr existirt, und daß die Ueberlebenden (angehörige, oder fremde) ihn auch vor Recht zu vertheidigen befugt sind, (weil unerwiesene Anklage sie insgesammt wegen ähnlicher Begegnung auf ihren Sterbefall in Gefahr bringt) daß er, sage ich, ein solches Recht erwerben könne, ist eine sonderbare, nichts desto weniger unläugbare Erscheinung der a priori gesetzgebenden Vernunft, die ihr Gebot und Verbot auch über die Grenze des Lebens hinaus erstreckt. — Wenn jemand von einem Verstorbenen ein Verbrechen verbreitet, das diesen im Leben ehrlos, oder nur verächtlich gemacht haben würde: so kann ein jeder, welcher einen Beweis führen kann, daß diese Beschuldigung vorsetzlich unwahr und gelogen sey, den, welcher jenen in böse Nachrede bringt, für einen Calumnianten öffentlich erklären, mithin ihn selbst ehrlos machen; welches er nicht thun dürfte, wenn er nicht mit Recht voraussetzte, daß der Verstorbene dadurch beleidigt wäre, ob er gleich todt ist, und daß diesem durch jene Apologie Genug=

nugthuung wiederfahre, ob er gleich nicht mehr exiſtirt.*)
Die Befugniß, die Rolle des Apologeten für den Verſtorbenen zu ſpielen, darf dieſer auch nicht beweiſen; denn jeder Menſch maßt ſie ſich unvermeidlich an, als nicht bloß

*) Daß man aber hiebey ja nicht auf Vorempfindung eines künftigen Lebens und unſichtbare Verhältniſſe zu abgeſchiedenen Seelen ſchwärmeriſch ſchließe, denn es iſt hier von nichts weiter, als dem reinmoraliſchen und rechtlichen Verhältniſſe, was unter Menſchen auch im Leben ſtatt hat, die Rede; worin ſie, als intelligibele Weſen, ſtehen, indem man alles Phyſiſche (zu ihrer Exiſtenz in Raum und Zeit gehörende) logiſch davon abſondert, d. i. davon abſtrahirt, nicht aber die Menſchen dieſe ihre Natur ausziehen und ſie Geiſter werden läßt, in welchem Zuſtande ſie die Beleidigung durch ihre Verläumder fühleten. — Der, welcher nach hundert Jahren mir etwas böſes fälſchlich nachſagt, beleidigt mich ſchon jetzt; denn im reinen Rechtsverhältniſſe, welches ganz intellectuell iſt, wird von allen phyſiſchen Bedingungen (der Zeit) abſtrahirt, und der Ehrenräuber (Calumniant) iſt eben ſowohl ſtrafbar, als ob er es in meiner Lebzeit gethan hätte; nur durch kein Criminalgericht, ſondern nur dadurch, daß ihm, nach dem Rechte der Wiedervergeltung, durch die öffentliche Meinung derſelbe Verluſt der Ehre zugefügt wird, die er an einem Anderen ſchmälerte. — Selbſt das Plagiat, welches ein Schriftſteller an Verſtorbenen verübt, ob es zwar die Ehre des Verſtorbenen nicht befleckt, ſondern dieſem nur einen Theil derſelben entwendet, wird doch mit Recht als Läſion deſſelben (Menſchenraub) geahndet.

bloß zur Tugendpflicht (ethisch betrachtet) sondern sogar zum Recht der Menschheit überhaupt gehörig: und es bedarf hiezu keiner besonderen persönlichen Nachtheile, die etwa Freunden und Anverwandten aus einem solchen Schandfleck am Verstorbenen erwachsen dürften, um jenen zu einer solchen Rüge zu berechtigen. — Daß also eine solche ideale Erwerbung und ein Recht des Menschen nach seinem Tode gegen die Ueberlebenden gegründet sey, ist nicht zu streiten, ob schon die Möglichkeit desselben keiner Deduction fähig ist.

Drittes Hauptstück.

Von der subjectiv-bedingten Erwerbung durch den Ausspruch einer öffentlichen Gerichtsbarkeit.

§. 36.

Wenn unter Naturrecht nur das nicht-statutarische, mithin lediglich das a priori durch jedes Menschen Vernunft erkennbare Recht verstanden wird, so wird nicht bloß die zwischen Personen in ihrem wechselseitigen Verkehr unter einander geltende Gerechtigkeit (iustitia commutativa), sondern auch die austheilende (iustitia distributiva), so wie sie nach ihrem Gesetze a priori erkannt werden kann, daß sie ihren Spruch (sententia) fällen müsse, gleichfalls zum Naturrecht gehören.

Die

Die moralische Person, welche der Gerechtigkeit vorsteht, ist der Gerichtshof (forum), und, im Zustande ihrer Amtsführung, das Gericht (iudicium): alles nur nach Rechtsbedingungen a priori gedacht, ohne, wie eine solche Verfassung wirklich einzurichten und zu organisiren sey, (wozu Statute, also empirische Principien gehören) in Betrachtung zu ziehen.

Die Frage ist also hier nicht bloß, was ist an sich recht, wie nämlich hierüber ein jeder Mensch für sich zu urtheilen habe, sondern, was ist vor einem Gerichtshofe recht, d. i. was ist Rechtens? und da giebt es vier Fälle, wo beyderley Urtheile verschieden und entgegengesetzt ausfallen, und dennoch neben einander bestehen können; weil sie aus zwey verschiedenen, beyderseits wahren, Gesichtspunkten gefället werden: die eine nach dem Privatrecht, die andere nach der Idee des öffentlichen Rechts. — Sie sind: 1) der Schenkungsvertrag (pactum donationis). 2) Der Leihvertrag (commodatum). 3) Die Wiedererlangung (vindicatio). 4) Die Vereidigung (iuramentum).

Es ist ein gewöhnlicher Fehler der Erschleichung (vitium subreptionis) der Rechtslehrer, dasjenige rechtliche Princip, was ein Gerichtshof, zu seinem eigenen Behuf (also in subjectiver Absicht), anzunehmen befugt, ja sogar verbunden ist, um über jedes Einem zustehende Recht zu sprechen und zu richten,

richten, auch objectiv, für das, was an sich selbst recht ist, zu halten: da das erstere doch von dem letzteren sehr unterschieden ist. — Es ist daher von nicht geringer Wichtigkeit, diese specifische Verschiedenheit kennbar und darauf aufmerksam zu machen.

A.

§. 37.

Von dem Schenkungsvertrag.

Dieser Vertrag (donatio), wodurch ich das Mein, meine Sache (oder mein Recht) **unvergolten** (gratis) **veräußere**, enthält ein Verhältniß von mir, dem Schenkenden (donans), zu einem Anderen, dem Beschenkten (donatarius), nach dem **Privatrecht**, wodurch das Meine auf diesen durch Annehmung des letzteren (donum) übergeht. — Es ist aber nicht zu präsumiren, daß ich hiebey gemeinet sey, zu der Haltung meines Versprechens gezwungen zu werden, und also auch meine **Freyheit** umsonst wegzugeben, und gleichsam mich selbst wegzuwerfen (nemo suum iactare praesumitur), welches doch nach dem Recht im bürgerlichen Zustande geschehen würde; denn da kann der Zubeschenkende mich zu Leistung des Versprechens zwingen. Es müßte also, wenn die Sache vor Gericht käme, d. i. nach einem öffentlichen Recht, entweder präsumirt werden, der Verschenkende willigte zu diesem Zwange ein, welches ungereimt ist, oder der Gerichtshof sehe in seinem Spruch (Sentenz) gar nicht darauf, ob jener die Freyheit, von seinem Versprechen abzugehen, hat vorbehalten wollen, oder nicht, sondern auf das, was gewiß ist, nämlich das Versprechen und die Acceptation des Promissars. Wenn also gleich der Promittent, wie wohl vermuthet werden kann, gedacht hat, daß, wenn es ihn noch vor der Erfüllung gereuet, das Versprechen gethan zu haben, man ihn daran nicht binden könne; so nimmt doch das Gericht an, daß er sich dieses ausdrücklich hätte vorbehalten müssen, und, wenn er es nicht gethan hat, zu Erfüllung des Versprechens könne gezwungen werden, und dieses Princip nimmt der Gerichtshof darum an, weil ihm sonst das Rechtsprechen unendlich erschwert, oder gar unmöglich gemacht werden würde.

B.

§. 38.

Vom Leihvertrag.

In diesem Vertrage (commodatum), wodurch ich jemanden den unvergoltenen Gebrauch des Meinigen erlaube: wo, wenn dieses eine Sache ist, die Paciscenten darin übereinkommen, daß dieser mir eben dieselbe Sache wiederum in meine Gewalt bringe, kann der Empfänger des Geliehenen (commodatarius) nicht zugleich präsumiren, der Eigenthümer desselben (commodans) nehme auch alle Gefahr (casus) des möglichen Verlustes der Sache, oder ihrer ihm nützlichen Beschaffenheit, über sich, der daraus, daß er sie in den Besitz des Empfängers gegeben hat, entspringen könnte. Denn es versteht sich

sich nicht von selbst, daß der Eigenthümer außer dem Gebrauch seiner Sache, den er dem Lehnsempfänger bewilligt (dem von demselben unzertrennlichen Abbruche derselben) auch die Sicherstellung wider allen Schaden, der ihm daraus entspringen kann, daß er sie aus seiner eigenen Gewahrsame gab, erlassen habe; sondern darüber müßte ein besonderer Vertrag gemacht werden. Es kann also nur die Frage seyn: wem von beyden, dem Lehnsgeber oder Lehnsempfänger, es obliegt, die Bedingung der Uebernehmung der Gefahr, die der Sache zustoßen kann, dem Leihevertrag ausdrücklich beyzufügen, oder, wenn das nicht geschieht, von wem man die Einwilligung zur Sicherstellung des Eigenthums des Lehnsgebers (durch die Zurückgabe derselben oder ein Aequivalent) präsumiren könne? Von dem Darleiher nicht; weil man nicht präsumiren kann, er habe mehr umsonst eingewilligt, als den bloßen Gebrauch der Sache (nämlich nicht auch noch obenein die Sicherheit des Eigenthums selber zu übernehmen), aber wohl von dem Lehnsnehmer; weil er da nichts mehr leistet, als gerade im Vertrage ent=enthalten ist.

Wenn ich, z. B. bey einfallendem Regen, in ein Haus eintrete, und erbitte mir einen Mantel zu leihen, der aber, etwa durch unvorsichtige Ausgießung abfärbender Materien aus dem Fenster, auf immer verdorben, oder, wenn er, indem ich ihn in einem anderen Hause, wo ich eintrete, ablege, mir gestohlen wird, so muß doch die Behauptung jedem Menschen als ungereimt auffallen,

ich

ich hätte nichts weiter zu thun, als jenen, so wie er ist, zurückzuschicken, oder den geschehenen Diebstahl nur zu melden; allenfalls sey es noch eine Höflichkeit den Eigenthümer dieses Verlustes wegen zu beklagen, da er aus seinem Recht nichts fordern könne. — Ganz anders lautet es, wenn ich bey der Erbittung dieses Gebrauchs zugleich auf den Fall, daß die Sache unter meinen Händen verunglückte, mir zum voraus erböte, auch diese Gefahr zu übernehmen, weil ich arm und den Verlust zu ersetzen unvermögend wäre. Niemand wird das letztere überflüßig und lächerlich finden, außer etwa, wenn der Anleihende ein bekanntlich vermögender und wohldenkender Mann wäre, weil es alsdann beynahe Beleidigung seyn würde, die großmüthige Erlassung meiner Schuld in diesem Falle nicht zu präsumiren.

* *

Da nun über das Mein und Dein aus dem Leihvertrage, wenn (wie es die Natur dieses Vertrages so mit sich bringt) über die mögliche Verunglückung (casus), die die Sache treffen möchte, nicht verabredet worden, er also, weil die Einwilligung nur präsumirt worden, ein ungewisser Vertrag (pactum incertum) ist, das Urtheil darüber, d. i. die Entscheidung, wen das Unglück treffen müsse, nicht aus den Bedingungen des Vertrages an sich selbst, sondern wie sie allein vor einem Gerichtshofe, der immer nur auf das Gewisse in jenem sieht (welches hier der Besitz der Sache als Eigenthum ist)

ist) entschieden werden kann, so wird das Urtheil im Naturzustande, d. i. nach der Sache innerer Beschaffenheit, so lauten: der Schade aus der Verunglückung einer geliehenen Sache fällt auf den Beliehenen (casum sentit commodatarius), dagegen im bürgerlichen, also vor einem Gerichtshofe, wird die Sentenz so ausfallen: der Schade fällt auf den Anleiher (casum sentit dominus) und zwar aus dem Grunde verschieden von dem Ausspruche der bloßen gesunden Vernunft, weil ein öffentlicher Richter sich nicht auf Präsumtionen von dem, was der eine oder andere Theil gedacht haben mag, einlassen kann, sondern der, welcher sich nicht die Freyheit von allem Schaden an der geliehenen Sache durch einen besonderen angehängten Vertrag ausbedingen hat, diesen selbst tragen muß. — Also ist der Unterschied zwischen dem Urtheile, wie es ein Gericht fällen müßte, und dem, was die Privatvernunft eines jeden für sich zu fällen berechtigt ist, ein durchaus nicht zu übersehender Punct in Berichtigung der Rechtsurtheile.

C.
Von der Wiedererlangung (Rückbemächtigung) des Verlohrnen (vindicatio).

§. 39.

Daß eine fortdauernde Sache, die mein ist, mein bleibe, ob ich gleich nicht in der fortdauernden Inhabung derselben bin, und selbst ohne einen rechtlichen Act (derelictionis vel alienationis) mein zu seyn nicht aufhöre: und daß mir ein Recht in dieser Sache (ius reale), mithin gegen jeden Inhaber, nicht bloß gegen eine bestimmte Person (ius personale) zusteht, ist aus dem obigen klar. Ob aber auch dieses Recht von jedem Anderen, als ein für sich fortdauerndes Eigenthum müsse angesehen werden, wenn ich demselben nur nicht entsagt habe, und die Sache in dem Besitz eines Anderen ist, das ist nun, die Frage.

Ist die Sache mir abhanden gekommen (res amissa) und so von einem Anderen auf ehrliche Art (bona fide), als ein vermeinter Fund, oder durch förmliche Veräußerung des Besitzers, der sich als Eigenthümer führt, an mich gekommen, obgleich dieser nicht Eigenthümer ist, so frägt sich, ob, da ich von einem Nichteigenthümer (a non domino) eine Sache nicht erwerben kann, ich durch jenen von allem Recht in dieser Sache ausgeschlossen werde, und bloß ein persönliches gegen den unrechtmäßigen Besitzer übrig behalte. — Das letztere ist offenbar der Fall, wenn die Erwerbung bloß nach ihren innern berechtigenden Gründen (im Naturzustande), nicht nach der Convenienz eines Gerichtshofes beurtheilet wird.

Denn alles Veräußerliche muß von irgend jemand können erworben werden. Die Rechtmäßigkeit der Erwerbung aber beruht gänzlich auf der Form, nach welcher das, was im Besitz eines Anderen ist, auf mich übertragen und

und von mir angenommen wird, d. i. auf der Förmlichkeit des rechtlichen Acts des Verkehrs (commutatio) zwischen dem Besitzer der Sache und dem Erwerbenden, ohne daß ich fragen darf, wie jener dazu gekommen sey; weil dieses schon Beleidigung seyn würde (quilibet praesumitur bonus, etc.). Gesetzt nun, es ergäbe sich in der Folge, daß jener nicht Eigenthümer sey, sondern ein Anderer, so kann ich nicht sagen, daß dieser sich gerade zu an mich halten könnte, (so wie auch an jeden Anderen, der Inhaber der Sache seyn möchte). Denn ich habe ihm nichts entwandt, sondern, z. B. das Pferd, was auf öffentlichem Markte feil geboten wurde, dem Gesetze gemäß (titulo emti venditi) erstanden; weil der Titel der Erwerbung meinerseits unbestritten ist, ich aber (als Käufer) den Titel des Besitzes des Anderen (des Verkäufers) nachzusuchen; — da diese Nachforschung in der aufsteigenden Reihe ins Unendliche gehen würde; — nicht verbunden, ja so gar nicht einmal befugt bin. Also bin ich, durch den gehörig=betitelten Kauf, nicht der bloß putative, sondern der wahre Eigenthümer des Pferdes geworden.

Hierwider erheben sich aber folgende Rechtsgründe: Alle Erwerbung von einem, der nicht Eigenthümer der Sache ist (a non domino), ist null und nichtig. Ich kann von dem Seinen eines Anderen nicht mehr auf mich ableiten, als er selbst rechtmäßig gehabt hat, und, ob ich gleich, was die Form der Erwerbung (modus acquirendi) betrifft, ganz rechtlich verfahre, wenn ich ein gestohlen Pferd, was auf dem Markte feil steht, erhandle, so fehlt doch der Titel der Erwerbung; denn das Pferd war nicht das Seine des eigentlichen Verkäufers. Ich mag immer ein **ehrlicher** Besitzer desselben (possessor bonae fidei) seyn, so bin ich doch nur ein sich **dünkender** Eigenthümer (dominus putatiuus) und der wahre Eigenthümer hat ein Recht der Wiedererlangung (rem suam vindicandi).

Wenn gefragt wird, was (im Naturzustande) unter Menschen nach Principien der Gerechtigkeit im Verkehr derselben untereinander (iustitia commutatiua) in Erwerbung äußerer Sachen **an sich** Rechtens sey, so muß man eingestehen: daß, wer dieses zur Absicht hat, durchaus nöthig habe, noch nachzuforschen, ob die Sache, die er erwerben will, nicht schon einem Anderen angehöre; nämlich, wenn er gleich die formalen Bedingungen der Ableitung der Sache von dem Seinen des Anderen genau beobachtet (das Pferd auf dem Markte ordentlich erhandelt) hat, er dennoch höchstens nur ein **persönliches Recht** in Ansehung einer Sache (ius ad rem) habe erwerben können, so lange es ihm noch unbekannt ist, ob nicht ein anderer (als der Verkäufer) der wahre Eigenthümer derselben sey; so daß, wenn sich einer vorfindet, der sein vorhergehendes Eigenthum daran documentiren könnte, dem vermeinten neuen Eigenthümer nichts übrig bliebe, als den Nutzen, so er, als ehrlicher Besitzer, bisher daraus gezogen hat, bis auf diesen Augenblick rechtmäßig genossen zu haben. — Da nun in der Reihe der von

Von der subjectiv-bedingten Erwerbung. 149

von einander ihr Recht ableitenden sich dünkenden Eigenthümer den schlechthin ersten (Stammeigenthümer) auszufinden, mehrentheils unmöglich ist: so kann kein Verkehr mit äußeren Sachen, so gut er auch mit den formalen Bedingungen dieser Art von Gerechtigkeit (iustitia commutatiua) übereinstimmen möchte, einen sicheren Erwerb gewähren.

* *

Hier tritt nun wieder die rechtlich-gesetzgebende Vernunft mit dem Grundsatz der distributiven Gerechtigkeit ein, die Rechtmäßigkeit des Besitzes, nicht wie sie an sich in Beziehung auf den Privatwillen eines jeden (im natürlichen Zustande), sondern nur wie sie vor einem Gerichtshofe, in einem durch den allgemein-vereinigten Willen entstandenen Zustande (in einem bürgerlichen) abgeurtheilt werden würde, zur Richtschnur anzunehmen: wo alsdann die Uebereinstimmung mit den formalen Bedingungen der Erwerbung, die an sich nur ein persönliches Recht begründen, zu Ersetzung der materialen Gründe (welche die Ableitung von dem Seinen eines vorhergehenden prätendirenden Eigenthümers begründen) als hinreichend postulirt wird, und ein an sich persönliches Recht, vor einem Gerichtshof gezogen, als ein Sachenrecht gilt, z. B. daß das Pferd, was auf öffentlichem, durchs Policeygesetz geordneten Markt, jedermann feil steht, wenn alle Regeln des Kaufs und Verkaufs genau beobachtet worden, mein Eigenthum werde, (so doch, daß dem wahren Eigenthümer das Recht bleibt, den Verkäufer, wegen seines älteren unverwirkten Besitzes, in Anspruch zu nehmen) und mein sonst persönliches Recht in ein Sachenrecht, nach welchem ich das Meine, wo ich es finde, nehmen (vindiciren) darf, verwandelt wird, ohne mich auf die Art, wie der Verkäufer dazu gekommen, einzulassen.

Es geschieht also nur zum Behuf des Rechtsspruchs vor einem Gerichtshofe (in favorem justitiae distributivae), daß das Recht in Ansehung einer Sache nicht, wie es an sich ist (als ein persönliches), sondern wie es am leichtesten und sichersten abgeurtheilt werden kann, (als Sachenrecht), doch nach einem reinen Princip a priori, angenommen und behandelt werde. — Auf diesem gründen sich nun nachher verschiedene statuarische Gesetze (Verordnungen), die vorzüglich zur Absicht haben, die Bedingungen, unter denen allein eine Erwerbungsart rechtskräftig seyn soll, so zu stellen, daß der Richter das Seine einem jeden am leichtesten und unbedenklichsten zuerkennen könne; z. B. in dem Satz: Kauf bricht Miethe, wo, was der Natur des Vertrags nach, d. i. an sich, ein Sachenrecht ist, (die Miethe) für ein bloß persönliches und umgekehrt, wie in dem obigen Fall, was an sich bloß ein persönliches Recht ist, für ein Sachenrecht gilt; wenn die Frage ist, auf welche Principien ein Gerichtshof im bürgerlichen Zustande anzuweisen sey, um in seinen Aussprüchen, wegen des einem jeden zustehenden Rechts am sichersten zu gehen.

D.

D.
Von Erwerbung der Sicherheit durch Eydesablegung.
(Cautio iuratoria).

§. 40.

Man kann keinen anderen Grund angeben, der rechtlich Menschen verbinden könnte, zu glauben und zu bekennen, daß es Götter gebe, als den, damit sie einen Eyd schwören, und durch die Furcht vor einer allsehenden obersten Macht, deren Rache sie feyerlich gegen sich aufrufen mußten, im Fall, daß ihre Aussage falsch wäre, genöthigt werden könnten, wahrhaft im Aussagen und treu im Versprechen zu seyn. Daß man hiebey nicht auf die Moralität dieser beyden Stücke, sondern bloß auf einen blinden Aberglauben derselben rechnete, ist daraus zu ersehen, daß man sich von ihrer bloßen feyerlichen Aussage vor Gericht in Rechtssachen keine Sicherheit versprach, ob gleich die Pflicht der Wahrhaftigkeit in einem Falle, wo es auf das heiligste, was unter Menschen nur seyn kann, (aufs Recht der Menschen) ankommt, jedermann so klar einleuchtet, mithin bloße Mährchen den Bewegungsgrund ausmachen: wie z. B. das unter den Rejangs, einem heidnischen Volk auf Sumatra, welche, nach Marsdens Zeugniß, bey den Knochen ihrer verstorbenen Anverwandten schwören, ob sie gleich gar nicht glauben, daß es noch ein Leben nach dem Tode gebe, oder der Eyd der Guineaschwarzen bey ihrem Fetisch, etwa einer Vogelfeder, auf die sie sich vermessen, daß sie ihnen den Hals
brechen

brechen solle u. dgl. Sie glauben, daß eine unsichtbare Macht, sie mag nun Verstand haben oder nicht, schon ihrer Natur nach, diese Zauberkraft habe, die durch einen solchen Aufruf in That versetzt wird. — Ein solcher Glaube, dessen Name Religion ist, eigentlich aber Superstition heißen sollte, ist aber für die Rechtsverwaltung unentbehrlich, weil, ohne auf ihn zu rechnen, der Gerichtshof nicht genugsam im Stande wäre, geheim gehaltene Facta auszumitteln, und recht zu sprechen. Ein Gesetz, das hiezu verbindet, ist also offenbar nur zum Behuf der richtenden Gewalt gegeben.

Aber nun ist die Frage: worauf gründet man die Verbindlichkeit, die jemand vor Gerichte haben soll, eines Anderen Eyd als zu Recht gültigen Beweisgrunde der Wahrheit seines Vorgebens anzunehmen, der allem Hader ein Ende mache, d. i. was verbindet mich rechtlich, zu glauben, daß ein Anderer (der Schwörende) überhaupt Religion habe, um mein Recht auf seinen Eyd ankommen zu lassen? Imgleichen umgekehrt: kann ich überhaupt verbunden werden, zu schwören? Beydes ist an sich unrecht.

Aber in Beziehung auf einen Gerichtshof, also im bürgerlichen Zustande, wenn man annimmt, daß es kein anderes Mittel giebt, in gewissen Fällen hinter die Wahrheit zu kommen, als den Eyd, muß von der Religion vorausgesetzt werden, daß sie jeder habe, um sie, als ein Nothmittel (in casu necessitatis), zum Behuf des rechtlichen

Von der subjectiv-bedingten Erwerbung. 153

lichen Verfahrens vor einem Gerichtshofe zu gebrauchen, welcher diesen Geisteszwang (tortura spiritualis) für ein behenderes und dem abergläubischen Hange der Menschen angemesseneres Mittel der Aufdeckung des Verborgenen, und sich darum für berechtigt hält, es zu gebrauchen. — Die gesetzgebende Gewalt handelt aber im Grunde unrecht, diese Befugniß der richterlichen zu ertheilen; weil selbst im bürgerlichen Zustande ein Zwang zu Eydesleistungen der unverleihbaren menschlichen Freyheit zuwider ist.

Wenn die Amtseyde, welche gewöhnlich promissorisch sind, daß man nämlich den ernstlichen Vorsatz habe, sein Amt pflichtmäßig zu verwalten, in assertorische verwandelt würden, daß nämlich der Beamte etwa zu Ende eines Jahres (oder mehrerer) verbunden wäre, die Treue seiner Amtsführung während desselben zu beschwören: so würde dieses Theils das Gewissen mehr in Bewegung bringen, als der Versprechungseyd, welcher hinterher noch immer den inneren Vorwand übrig läßt, man habe, bey dem besten Vorsatz, die Beschwerden nicht voraus gesehen, die man nur nachher während der Amtsverwaltung erfahren habe, und die Pflichtübertretungen würden auch, wenn ihre Summirung durch Aufmerker bevorstände, mehr Besorgniß der Anklage wegen erregen, als wenn sie bloß eine nach der anderen (über welche die vorigen vergessen sind) gerügt würden. — Was aber das Beschwören des Glaubens (de credulitate) betrift, so kann dieses gar nicht von einem Gericht verlangt werden. Denn erstlich enthält es es in sich selbst einen Widerspruch: dieses Mittelding zwischen Meinen und Wissen, weil es so etwas ist, worauf man wohl zu wetten, keinesweges aber darauf zu schwören sich getrauen kann. Zweytens begeht der Richter, der solchen Glaubenseyd dem Parten ansinnete, um etwas zu seiner Absicht gehöriges, gesetzt es sey auch, das gemeine Beste, auszumitteln, einen großen Verstoß an der Gewissenhaftigkeit des Eydleistenden, theils durch den Leichtsinn, zu dem er verleitet, theils durch Gewissensbisse, die ein Mensch fühlen muß, der heute eine Sache, aus einem gewissen Gesichtspunkte betrachtet, sehr wahrscheinlich; morgen aber, aus einem anderen, ganz unwahrscheinlich finden kann, und lädirt also denjenigen, den er zu einer solchen Eydesleistung nöthigt.

Uebergang von dem Mein und Dein im Naturzustande zu dem im rechtlichen Zustande überhaupt.

§. 41.

Der rechtliche Zustand ist dasjenige Verhältniß der Menschen unter einander, welches die Bedingungen enthält, unter denen allein jeder seines Rechts **theilhaftig** werden kann, und das formale Princip der Möglichkeit desselben, nach der Idee eines allgemein gesetzgebenden Willens betrachtet, heißt die öffentliche Gerechtigkeit, welche in Beziehung, entweder auf die Möglichkeit, oder Wirklichkeit, oder Nothwendigkeit des Besitzes der Gegenstände (als der Materie der Willkühr) nach Gesetzen, in die beschützende (iustitia tutatrix) die wechselseitig erwerbende

(iusti-

Von der subjectiv-bedingten Erwerbung.

(iustitia commutativa) und die austheilende Gerechtigkeit (iustitia distributiva) eingetheilt werden kann. — Das Gesetz sagt hiebey erstens, bloß welches Verhalten innerlich der Form nach recht ist (lex iusti); zweytens, was als Materie noch auch äußerlich gesetzfähig, d. i. dessen Besitzstand rechtlich ist (lex iuridica); drittens, was und wovon der Ausspruch vor einem Gerichtshofe in einem besonderen Falle unter dem gegebenen Gesetze diesem gemäß, d. i. Rechtens ist (lex iustitiae), wo man denn auch jenen Gerichtshof selbst die Gerechtigkeit eines Landes nennt, und, ob eine solche sey oder nicht sey, als die wichtigste unter allen rechtlichen Angelegenheiten gefragt werden kann.

Der nicht rechtliche Zustand, d. i. derjenige, in welchem keine austheilende Gerechtigkeit ist, heißt der natürliche Zustand (status naturalis). Ihm wird nicht der gesellschaftliche Zustand (wie Achenwall meint) und der ein künstlicher (status artificialis) heißen könnte, sondern der bürgerliche (status civilis) einer unter einer distributiven Gerechtigkeit stehenden Gesellschaft entgegengesetzt; denn es kann auch im Naturzustande rechtmäßige Gesellschaften (z. B. eheliche, väterliche, häusliche überhaupt und andere beliebige mehr) geben, von denen kein Gesetz a priori gilt: »du sollst in diesen Zustand treten« wie es wohl vom rechtlichen Zustande gesagt werden kann, daß alle Menschen, die mit einander (auch unwillkührlich) in Rechtsverhältnisse kommen können, in diesen Zustand treten sollen.

Man

Man kann den ersteren und zweyten Zustand den des Privatrechts, den letzteren und dritten aber den des öffentlichen Rechts nennen. Dieses enthält nicht mehr, oder andere Pflichten der Menschen unter sich, als in jenem gedacht werden können; die Materie des Privatrechts ist eben dieselbe in beyden. Die Gesetze des letzteren betreffen also nur die rechtliche Form ihres Beysammenseyns (Verfassung), in Ansehung deren diese Gesetze nothwendig als öffentliche gedacht werden müssen.

Selbst der bürgerliche Verein (unio civilis) kann nicht wohl eine Gesellschaft genannt werden; denn zwischen dem Befehlshaber (imperans) und dem Unterthan (subditus) ist keine Mitgenossenschaft; sie sind nicht Gesellen, sondern einander untergeordnet, nicht beygeordnet, und die sich einander beyordnen, müssen sich, eben deshalb, untereinander als gleich ansehen, so fern sie unter gemeinsamen Gesetzen stehen. Jener Verein ist also nicht sowohl als macht vielmehr eine Gesellschaft.

§. 42.

Aus dem Privatrecht im natürlichen Zustande geht nun das Postulat des öffentlichen Rechts hervor: du sollst, im Verhältnisse eines unvermeidlichen Nebeneinanderseyns, mit allen anderen, aus jenem heraus, in einen rechtlichen Zustand, d. i. den einer austheilenden Gerechtigkeit, übergehen. — Der Grund davon läßt sich analytisch aus dem

Be=

Begriffe des Rechts, im äußeren Verhältniß, im Gegensatz der Gewalt (violentia) entwickeln.

Niemand ist verbunden, sich des Eingriffs in den Besitz des Anderen zu enthalten, wenn dieser ihm nicht gleichmäßig auch Sicherheit giebt, er werde eben dieselbe Enthaltsamkeit gegen ihn beobachten. Er darf also nicht abwarten, bis er etwa durch eine traurige Erfahrung von der entgegengesetzten Gesinnung des letzteren belehrt wird; denn was sollte ihn verbinden, allererst durch Schaden klug zu werden, da er die Neigung der Menschen überhaupt über andere den Meister zu spielen (die Ueberlegenheit des Rechts anderer nicht zu achten, wenn sie sich, der Macht oder List nach, diesen überlegen fühlen) in sich selbst hinreichend wahrnehmen kann, und es ist nicht nöthig, die wirkliche Feindseligkeit abzuwarten; er ist zu einem Zwange gegen den befugt, der ihm schon seiner Natur nach damit droht. (Quilibet praesumitur malus, donec securitatem dederit oppositi).

Bey dem Vorsatze, in diesem Zustande äußerlich gesetzloser Freyheit zu seyn und zu bleiben, thun sie einander auch gar nicht unrecht, wenn sie sich untereinander befehden; denn was dem einen gilt, das gilt auch wechselseitig dem Anderen, gleich als durch eine Uebereinkunft (uti partes de iure suo disponunt, ita ius est): aber überhaupt thun sie im höchsten Grade daran unrecht*) in einem

---

*) Dieser Unterschied zwischen dem, was bloß formaliter, und dem, was auch materialiter unrecht ist, hat in der Rechtslehre

Zuſtände ſeyn und bleiben zu wollen, der kein rechtlicher iſt, d. i. in dem Niemand des Seinen wider Gewaltthätigkeit ſicher iſt.

lehre mannigfaltigen Gebrauch. Der Feind, der, ſtatt ſeine Capitulationen mit der Beſatzung einer belagerten Veſtung ehrlich zu vollziehen, ſie bey dieſer ihrem Auszuge miß=handelt, oder ſonſt dieſen Vertrag bricht, kann nicht über Unrecht klagen, wenn ſein Gegner bey Gelegenheit ihm denſelben Streich ſpielt. Aber ſie thun überhaupt im höchſten Grade unrecht, weil ſie dem Begrif des Rechts ſelber alle Gültigkeit nehmen, und alles der wilden Ge=walt, gleichſam geſetzmäßig, überliefern, und ſo das Recht der Menſchen überhaupt umſtürzen.

Anhang

erläuternder Bemerkungen

zu den

metaphysischen Anfangsgründen

der Rechtslehre.

Die Veranlassung zu denselben nehme ich größtentheils von der Recension dieses Buchs in den Götting. Anz. 28stes Stück, den 18ten Februar 1797; welche, mit Einsicht und Schärfe der Prüfung, dabey aber doch auch mit Theilnahme und »der Hoffnung, daß jene Anfangsgründe Gewinn für die Wissenschaft bleiben werden,« abgefaßt, ich hier zum Leitfaden der Beurtheilung, überdem auch einiger Erweiterung dieses Systems, gebrauchen will.

Gleich beym Anfange der Einleitung in die Rechtslehre stößt sich mein scharfprüfender Recensent an einer Definition. — „Was heißt Begehrungsvermögen?

mögen? Sie ist, sagt der Text, das Vermögen, durch seine Vorstellungen Ursache der Gegenstände dieser Vorstellungen zu seyn. — Dieser Erklärung wird entgegengesetzt: »daß sie nichts wird, sobald man von äußeren Bedingungen der Folge des Begehrens abstrahirt. — Das Begehrungsvermögen ist aber auch dem Idealisten Etwas; obgleich diesem die Aussenwelt nichts ist.« Antwort: Giebt es aber nicht auch eine heftige, und doch zugleich mit Bewußtseyn vergebliche, Sehnsucht (z. B. wollte Gott jener Mann lebte noch!), die zwar **thatleer**, aber doch nicht **folgeleer** ist, und, zwar nicht an Aussendingen, aber doch im Innern des Subjects selbst mächtig wirkt, (Krank macht). Eine Begierde als Bestreben (nisus) vermittelst seiner Vorstellungen Ursache zu seyn, ist, wenn das Subject gleich die Unzulänglichkeit der letzteren zur beabsichtigten Wirkung einsieht, doch immer Caussalität, wenigstens im Innern desselben. — Was hier den Mißverstand ausmacht, ist: daß, da das Bewußtseyn seines Vermögens überhaupt (in dem genannten Falle) zugleich das Bewußtseyn seines Unvermögens in Ansehung der Aussenwelt ist, die Definition auf den Idealisten nicht anwendbar ist; indessen daß doch, da hier bloß von dem Verhältnisse einer Ursache (der Vorstellung) zur Wirkung (dem Gefühl) überhaupt die Rede ist, die Caussalität der Vorstellung (jene mag äußerlich oder innerlich seyn) in Ansehung ihres Gegenstandes im Begriff des Begehrungsvermögens unvermeidlich gedacht werden muß.

1. Logi‐

1.

Logische Vorbereitung zu einem neuerdings gewagten Rechtsbegriffe.

Wenn rechtskundige Philosophen sich bis zu den metaphysischen Anfangsgründen der Rechtslehre erheben, oder versteigen, wollen (ohne welche alle ihre Rechtswissenschaft bloß statutarisch seyn würde), so können sie über die Sicherung der Vollständigkeit ihrer Eintheilung der Rechtsbegriffe nicht gleichgültig wegsehen; weil jene Wissenschaft sonst kein Vernunftsystem, sondern bloß aufgerafftes Aggregat seyn würde. — Die Topick der Principien muß, der Form des Systems halber, vollständig seyn, d. i., es muß der Platz zu einem Begrif (locus communis) angezeigt werden, der nach der synthetischen Form der Eintheilung für diesen Begriff offen ist: man mag nachher auch darthun, daß einer oder der andere Begriff, der in diesen Platz gesetzt würde, an sich widersprechend sey und aus diesem Platze wegfalle.

Die Rechtslehrer haben bisher nun zwey Gemeinplätze besetzt: den des dinglichen und den des persönlichen Rechts. Es ist natürlich, zu fragen: ob auch, da noch zwey Plätze, aus der bloßen Form der Verbindung beyder zu einem Begriffe, als Glieder der Eintheilung a priori, offen stehen, nämlich der eines auf persönliche Art dinglichen, imgleichen der eines auf dingliche Art persönlichen Rechts, ob nämlich ein solcher neuhinzukommender Begrif auch statthaft sey, und vor der Hand, obzwar nur problematisch, in der vollständigen Tafel der Eintheilung angetroffen werden

den müsse. Das letztere leidet keinen Zweifel. Denn die bloß logische Eintheilung (die vom Inhalt der Erkenntniß — dem Object — abstrahirt) ist immer Dichotomie, z. B. ein jedes Recht ist entweder ein dingliches oder ein nicht=dingliches Recht. Diejenige aber, von der hier die Rede ist, nämlich die metaphysische Eintheilung, kann auch Tetrachotomie seyn; weil, außer den zwey einfachen Gliedern der Eintheilung, noch zwey Verhältnisse, nämlich die der das Recht einschränkenden Bedingungen hinzukommen, unter denen das eine Recht mit dem anderen in Verbindung tritt, deren Möglichkeit einer besonderen Untersuchung bedarf. — Der Begrif **eines auf persönliche Art dinglichen Rechts** fällt ohne weitere Umstände weg; denn es läßt sich kein Recht einer Sache gegen eine Person denken. Nun fragt sich: ob die Umkehrung dieses Verhältnisses auch eben so undenkbar sey; oder ob dieser Begrif, nämlich der eines **auf dingliche Art persönlichen Rechts**, nicht allein ohne inneren Widerspruch, sondern selbst auch ein nothwendiger (a priori in der Vernunft gegebener) zum Begriffe des äußeren Mein und Dein gehörender Begrif sey, Personen auf ähnliche Art als Sachen, zwar nicht in allen Stücken zu **behandlen**, aber sie doch zu **besitzen** und in vielen Verhältnissen mit ihnen als Sachen zu verfahren.

2. Recht=

2.
Rechtfertigung des Begrifs von einem auf dingliche Art persönlichen Recht.

Die Definition des auf dingliche Art persönlichen Rechts ist nun kurz und gut diese: »es ist das Recht des Menschen, eine Person außer sich als das Seine*) zu haben.« Ich sage mit Fleiß eine Person; denn einen anderen Menschen, der durch Verbrechen seine Persönlichkeit eingebüßt hat (zum Leibeigenen geworden ist), könnte man wohl als das Seine haben; von diesem Sachenrecht ist aber hier nicht die Rede.

Ob nun jener Begriff »als neues Phänomen am juristischen Himmel« eine Stella mirabilis (eine bis zum Stern

---

*) Ich sage hier auch nicht: »eine Person als die meinige (mit dem Adjectiv) sondern als das Meine (to meum, mit dem Substantiv) zu haben. Denn ich kann sagen: dieser ist mein Vater, das bezeichnet nur mein physisches Verhältniß (der Verknüpfung) zu ihm überhaupt. Z. B. »ich habe einen Vater.« Aber ich kann nicht sagen: »ich habe ihn als das Meine.« Sage ich aber mein Weib: so bedeutet dieses ein besonderes, nämlich rechtliches, Verhältniß des Besitzers zu einem Gegenstande (wenn es auch eine Person wäre), als Sache. Besitz (physischer) aber ist die Bedingung der Möglichkeit der Handhabung, (manipulatio), eines Dinges als einer Sache; wenn dieses gleich, in einer anderen Beziehung, zugleich als Person behandelt werden muß.

Stern erster Größe wachsende, vorher nie gesehene, allmälig aber wieder verschwindende, vielleicht einmal wiederkehrende Erscheinung), oder bloß eine Sternschnuppe sey? das soll jetzt untersucht werden.

3.
Beyspiele.

Etwas Aeußeres als das Seine haben heißt es rechtlich besitzen; Besitz aber ist die Bedingung der Möglichkeit des Gebrauchs. Wenn diese Bedingung bloß als die physische gedacht wird, so heißt der Besitz Inhabung. — Rechtmäßige Inhabung reicht nun zwar allein nicht zu, um deshalb den Gegenstand für das Meine auszugeben, oder es dazu zu machen; wenn ich aber, es sey aus welchem Grunde es wolle, befugt bin auf die Inhabung eines Gegenstandes zu bringen, der meiner Gewalt entwischt oder entrissen ist, so ist dieser Rechtsbegrif ein Zeichen, (wie Wirkung von ihrer Ursache) daß ich mich für befugt halte ihn als das Meine, mich aber auch als im intelligibelen Besitz desselben befindlich gegen ihn zu verhalten und diesen Gegenstand so zu gebrauchen.

Das Seine bedeutet zwar hier nicht das des Eigenthums an der Person eines anderen; (denn, Eigenthümer kann ein Mensch nicht einmal von sich selbst, viel weniger von einer anderen Person seyn), sondern nur das Seine des Niesbrauchs (ius utendi fruendi), unmittelbar von dieser Person, gleich als von einer Sache,

doch

doch ohne Abbruch an ihrer Persönlichkeit, als Mittel zu meinem Zweck, Gebrauch zu machen.

Dieser Zweck aber, als Bedingung der Rechtmäßigkeit des Gebrauchs, muß moralisch nothwendig seyn. Der Mann kann weder das Weib begehren, um es gleich als Sache zu genießen, d.i. unmittelbares Vergnügen an der bloß thierischen Gemeinschaft mit demselben zu empfinden, noch das Weib sich ihm dazu hingeben, ohne daß beyde Theile ihre Persönlichkeit aufgeben (fleischliche oder viehische Beywohnung), d. i. ohne unter der Bedingung der Ehe, welche, als wechselseitige Dahingebung seiner Person selbst in den Besitz der anderen, vorher geschlossen werden muß: um durch körperlichen Gebrauch, den ein Theil vom anderen macht, sich nicht zu entmenschen.

Ohne diese Bedingung ist der fleischliche Genuß dem Grundsatz (wenn gleich nicht immer der Wirkung nach) cannibalisch. Ob, mit Maul und Zähnen, der weibliche Theil durch Schwängerung, und daraus vielleicht erfolgende, für ihn tödliche, Niederkunft, der männliche aber durch, von öfteren Ansprüchen des Weibes an das Geschlechtsvermögen des Mannes herrührende Erschöpfungen aufgezehrt wird, ist bloß in der Manier zu genießen unterschieden, und ein Theil ist in Ansehung des anderen, bey diesem wechselseitigen Gebrauche der Geschlechtsorganen, wirklich eine verbrauchbare Sache; (res fungibilis), zu welcher also sich vermittelst eines

Ver=

Vertrags zu machen, es ein gesetzwidriger Vertrag (pactum turpe) seyn würde.

Eben so kann der Mann mit dem Weibe kein Kind, als ihr beyderseitiges Machwerk (res artificialis), zeugen, ohne daß beyde Theile sich gegen dieses und gegen einander die Verbindlichkeit zuziehen es zu erhalten: welches doch auch die Erwerbung eines Menschen gleich als einer Sache, aber nur der Form nach (einem bloß auf dingliche Art persönlichem Rechte angemessen) ist. Die Eltern*) haben ein Recht gegen jeden Besitzer des Kindes, das aus ihrer Gewalt gebracht worden, (ius in re) und zugleich ein Recht, es zu allen Leistungen und aller Befolgung ihrer Befehle zu nöthigen, die einer möglichen gesetzlichen Freyheit nicht zuwider sind (ius ad rem): folglich auch ein persönliches Recht gegen dasselbe.

Endlich, wenn bey eintretender Volljährigkeit die Pflicht der Eltern zur Erhaltung ihrer Kinder aufhört, so haben jene noch das Recht, diese als ihren Befehlen unterworfene Hausgenossen zu Erhaltung des Hauswesens zu brauchen, bis zur Entlassung derselben; welches eine Pflicht der Eltern gegen diese ist, die aus der natürlichen Beschränkung des Rechts der ersteren folgt. Bis dahin sind

---

*) In deutscher Schreibart werden unter dem Wort Aelteren Seniores: unter den Eltern aber Parentes verstanden; welches im Sprachlaut nicht zu unterscheiden, dem Sinne nach aber sehr unterschieden ist.

sind sie zwar Hausgenossen und gehören zur Familie, aber von nun an gehören sie zur Dienerschaft (famulatus) in derselben, die folglich nicht anders als durch Vertrag zu dem Seinen des Hausherrn (als seine Domestiken) hinzu kommen können. — Eben so kann auch eine Dienerschaft ausser der Familie zu dem Seinen des Hausherren nach einem auf dingliche Art persönlichen Rechte gemacht und als Gesinde (famulatus domesticus) durch Vertrag erworben werden. Ein solcher Vertrag ist nicht der einer bloßen Verdingung (locatio conductio operae) sondern der Hingebung seiner Person in den Besitz des Hausherrn Vermiethung (locatio conductio personae), welche darin von jener Verdingung unterschieden ist, daß das Gesinde sich zu allem Erlaubten versteht, was das Wohl des Hauswesens betrifft und ihm nicht, als bestellte und specifisch bestimmte Arbeit, aufgetragen wird: Anstatt daß der zur bestimmten Arbeit gedungene (Handwerker oder Tagelöhner) sich nicht zu dem Seinen des Anderen hingiebt und so auch kein Hausgenosse ist. — Des letzteren, weil er nicht im rechtlichen Besitz des Anderen ist, der ihn zu gewissen Leistungen verpflichtet, kann der Hausherr, wenn jener auch sein häuslicher Einwohner (inquilinus) wäre, sich nicht (via facti) als einer Sache bemächtigen, sondern muß nach dem persönlichen Recht, auf die Leistung des Versprochenen dringen, welche ihm durch Rechtsmittel (via iuris) zu Gebothe stehen. — — So viel zur Erläuterung und Vertheidigung eines befremdlichen, neu hinzukommenden, Rechtstitels in der natürlichen Gesetzlehre,

lehre, der doch, stillschweigend immer im Gebrauch gewesen ist.

4.

Ueber die Verwechselung des dinglichen mit dem persönlichen Rechte.

Ferner ist mir als Heterodoxie im natürlichen Privatrechte auch der Satz: Kauf bricht Miethe (R.I. §. 30. S. 129.) zur Rüge aufgestellet worden.

Daß jemand die Miethe seines Hauses vor Ablauf der bedungenen Zeit der Einwohnung, dem Miether aufkündigen, und also gegen diesen, wie es scheint, sein Versprechen brechen könne, wenn er es nur zur gewöhnlichen Zeit des Verziehens, in der dazu gewohnten bürgerlich-gesetzlichen Frist, thut, scheint freylich beym ersten Anblick allen Rechten aus einem Vertrage zu widerstreiten. — Wenn aber bewiesen werden kann, daß der Miether, da er seinen Miethscontract machte, wußte oder wissen mußte: daß das ihm gethane Versprechen des Vermiethers, als Eigenthümers, natürlicherweise (ohne daß es im Contract ausdrücklich gesagt werden durfte), also stillschweigend, an die Bedingung geknüpft war: wofern dieser sein Haus binnen dieser Zeit nicht verkaufen sollte (oder es bey einem, etwa über ihn eintretenden Concurs seinen Gläubigern überlassen müßte): so hat dieser sein schon an sich der Vernunft nach bedingtes Versprechen nicht gebrochen, und der Miether ist, durch

erläuternder Bemerkungen.

durch die ihm vor der Miethszeit geschehene Aufkündigung, an seinem Rechte nicht verkürzt worden.

Denn das Recht des letzteren aus dem Miethscontracte ist ein **persönliches** Recht, auf das, was eine gewisse Person der anderen zu leisten hat (ius ad rem); nicht gegen jeden Besitzer der Sache (ius in re), ein **Dingliches.**

Nun konnte der Miether sich wohl in seinem **Miethscontracte** sichern und sich ein dingliches Recht am Hause verschaffen: er durfte nämlich diesen nur auf das Haus des Vermiethers, als am Grunde haftend, **einschreiben** (ingrossiren) lassen: alsdann konnte er durch keine Aufkündigung des Eigenthümers, selbst nicht durch dessen Tod, (den natürlichen oder auch den bürgerlichen, den Bankrott) vor Ablauf der abgemachten Zeit aus der Miethe gesetzt werden. Wenn er es nicht that; weil er etwa frey seyn wollte, anderweitig eine Miethe auf bessere Bedingungen zu schließen, oder der Eigenthümer sein Haus nicht mit einem solchen onus belegt wissen wollte, so ist daraus zu schließen: daß ein jeder von beyden in Ansehung der Zeit der Aufkündigung (die bürgerlich bestimmte Frist zu derselben ausgenommen) einen stillschweigend=bedingten Contract gemacht zu haben sich bewußt war, ihn ihrer Convenienz nach wieder aufzulösen. Die Bestätigung der Befugniß, durch den Kauf Miethe zu brechen, zeigt sich auch an gewissen rechtlichen Folgerungen aus einem solchen nackten Miethscontracte: Denn den Erben des Miethers, wenn dieser verstorben ist, wird doch nicht die Verbindlichkeit zugemuthet, die Miethe fortzusetzen; weil diese nur die Verbindlichkeit gegen eine gewisse Person ist, die mit dieser ihrem Tode aufhört, (wobey doch die gesetzliche Zeit der Aufkündigung immer mit in Anschlag gebracht werden muß). Eben so wenig kann auch das Recht des Miethers, als eines solchen, auch auf seine Erben, ohne einen besonderen Vertrag übergehen; so wie er auch beym Leben beyder Theile, ohne ausdrückliche Uebereinkunft, keinen Aftermiether zu setzen befugt ist.

5.

Zusatz zur Erörterung der Begriffe des Strafrechts.

Die bloße Idee einer Staatsverfassung unter Menschen führt schon den Begrif einer Strafgerechtigkeit bey sich, welche der obersten Gewalt zusteht. Es fragt sich nur, ob die Strafarten dem Gesetzgeber gleichgültig sind, wenn sie nur als Mittel dazu taugen, das Verbrechen (als Verletzung der Staatssicherheit im Besitz des Seinen eines jeden) zu entfernen, oder ob auch noch auf Achtung für die Menschheit, in der Person des Missethäters, (d. i. für die Gattung) Rücksicht genommen werden müsse, und zwar aus bloßen Rechtsgründen, indem ich das ius talionis, der Form nach, noch immer für die einzige a priori bestimmende (nicht aus der Erfahrung, welche Heilmittel zu dieser Absicht die kräftigsten wären, hergenommen) Idee als Princip des Strafrechts

hal=

erläuternder Bemerkungen.

halte.*) — Wie wird es aber mit den Strafen gehalten werden, die keine Erwiederung zulassen; weil diese entweder an sich unmöglich, oder selbst ein strafbares Verbrechen an der Menschheit überhaupt seyn würden, wie z.B. das der Nothzüchtigung: imgleichen das der Päderastie, oder Bestialität. Die beyden ersteren durch Castration (entweder wie eines weißen oder schwarzen Verschnittenen im Serail) das letztere durch Ausstoßung aus der bürgerlichen Gesellschaft auf immer, weil er sich selbst der

*) In jeder Bestrafung liegt etwas das Ehrgefühl des Angeklagten (mit Recht) Kränkendes; weil sie einen bloßen einseitigen Zwang enthält und so an ihm die Würde eines Staatsbürgers, als eines solchen, in einem besonderen Fall wenigstens suspendirt ist: Da er einer äußeren Pflicht unterworfen wird, der er seiner seits keinen Widerstand entgegen setzen darf. Der Vornehme und Reiche, der auf den Beutel geklopft wird, fühlt mehr seine Erniedrigung sich unter den Willen des geringeren Mannes beugen zu müssen, als den Geldverlust. Die Strafgerechtigkeit (iustitia punitiua), da nämlich das Argument der Strafbarkeit moralisch ist (quia peccatum est), muß hier von der Strafklugheit, da es bloß pragmatisch ist (ne peccetur) und sich auf Erfahrung von dem gründet, was am stärksten wirkt, Verbrechen abzuhalten, unterschieden werden, und hat in der Topik der Rechtsbegriffe einen ganz anderen Ort, locus iusti, nicht des conducibilis, oder des Zuträglichen in gewisser Absicht noch auch den des bloßen honesti, dessen Ort in der Ethik aufgesucht werden muß.

der menschlichen unwürdig gemacht hat. — Per quod quis peccat per idem punitur et idem. — Die gedachten Verbrechen heißen darum unnatürlich, weil sie an der Menschheit selbst ausgeübt werden. — Willkührlich Strafen für sie zu verhängen ist dem Begriff einer Straf=Gerechtigkeit buchstäblich zuwider. Nur dann kann der Verbrecher nicht klagen, daß ihm unrecht geschehe, wenn er seine Uebelthat sich selbst über den Hals zieht, und ihm, wenn gleich nicht dem Buchstaben, doch dem Geiste des Strafgesetzes gemäß, das widerfährt, was er an anderen verbrochen hat.

6.

Vom Recht der Ersitzung.

»Das Recht der Ersitzung (Usucapio) soll, nach S. 131 ff. durchs Naturrecht begründet werden. Denn nähme man nicht an, daß durch den ehrlichen Besitz eine ideale Erwerbung, wie sie hier genannt wird, begründet werde, so wäre gar keine Erwerbung peremtorisch gesichert« (Aber Hr. K. nimmt ja selbst im Naturstande eine nur provisorische Erwerbung an, und bringt deswegen auf die juristische Nothwendigkeit der bürgerlichen Verfassung.« — — Ich behaupte mich als ehrlicher Besitzer aber nur gegen den, der nicht beweisen kann, daß er eher als ich ehrlicher Besitzer derselben Sache war, und mit seinem Willen zu seyn nicht aufgehört hat.«) — — „Davon ist nun hier nicht die Rede, sondern ob ich mich auch als Eigenthümer behaup=

erläuternder Bemerkungen.

haupten kann, wenn sich gleich ein Prätendent als früherer wahrer Eigenthümer der Sache melden sollte, die Erkundung aber seiner Existenz als Besitzers und seines Besitzstandes als Eigenthümers schlechterdings unmöglich war; welches letztere alsdann zutrifft, wenn dieser gar kein öffentlich gültiges Zeichen seines ununterbrochenen Besitzes (es sey aus eigener Schuld oder auch ohne sie) z. B. durch Einschreibung in Matrikeln, oder unwidersprochene Stimmgebung als Eigenthümer in bürgerlichen Versammlungen, von sich gegeben hat.

Denn die Frage ist hier: wer soll seine rechtmäßige Erwerbung beweisen? Dem Besitzer kann diese Verbindlichkeit (onus probandi) nicht aufgebürdet werden; denn er ist, so weit wie seine constatirte Geschichte reicht, im Besitz derselben. Der frühere angebliche Eigenthümer der Sache ist durch eine Zwischenzeit, innerhalb deren er keine bürgerlich gültige Zeichen seines Eigenthums gab, von der Reihe der auf einander folgenden Besitzer nach Rechtsprincipien ganz abgeschnitten. Diese Unterlassung irgend eines öffentlichen Besitzacts macht ihn zu einem unbetitelten Prätendenten. (Dagegen heißt es hier, wie bey der Theologie, conservatio est continua creatio). Wenn sich auch ein bisher nicht manifestirter, obzwar hinten nach mit aufgefundenen Documenten versehener Prätendent vorfände, so würde doch wiederum auch bey diesem der Zweifel vorwalten, ob nicht ein noch älterer Prätendent dereinst auftreten, und seine Ansprüche auf den früheren Besitz gründen könnte. — Auf die Länge der
Zeit

Zeit des Besitzes kommt es hiebey gar nicht an, um die Sache endlich zu ersitzen (acquirere per usucapionem). Denn es ist ungereimt, anzunehmen, daß ein Unrecht dadurch, daß es lange gewährt hat, nach gerade ein Recht werde. Der (noch so lange) Gebrauch setzt das Recht in der Sache voraus: weit gefehlt, daß dieses sich auf jenen gründen sollte. Also ist die Ersitzung (usucapio) als Erwerbung durch den langen Gebrauch einer Sache ein sich selbst widersprechender Begrif. Die Verjährung der Ansprüche als Erhaltungsart (conseruatio possessionis meae per praescriptionem) ist es nicht weniger: indessen doch ein von dem vorigen unterschiedener Begrif, was das Argument der Zueignung betrifft. Es ist nämlich ein negativer Grund, d. i. der gänzliche Nichtgebrauch seines Rechts, selbst nicht einmal der, welcher nöthig ist, um sich als Besitzer zu manifestiren, für eine Verzichtthuung auf dieselbe (derelictio), welche ein rechtlicher Act, d. i Gebrauch seines Rechts gegen einen anderen ist, um durch Ausschließung desselben vom Ansprüche (per praescriptionem) das Object desselben zu erwerben, welches einen Widerspruch enthält.

Ich erwerbe also ohne Beweisführung und ohne allen rechtlichen Act: Ich brauche nicht zu beweisen, sondern durchs Gesetz (lege) und was dann? Die öffentliche Befreyung von Ansprüchen, d. i. die gesetzliche Sicherheit meines Besitzes, dadurch, daß ich nicht den Beweis führen darf, und mich auf einen ununterbrochenen

Be=

Besitz gründe. Daß aber alle Erwerbung im Naturstande bloß provisorisch ist, das hat keinen Einfluß auf die Frage von der Sicherheit des Besitzes des Erworbenen, welche vor jener vorhergehen muß.

7.
Von der Beerbung.

Was das Recht der Beerbung anlangt, so hat den Herrn Recensenten diesesmal sein Scharfblick, den Nerven des Beweises meiner Behauptung zu treffen, verlassen. — Ich sage ja nicht S. 135: »daß ein jeder Mensch nothwendigerweise jede ihm **angebotene Sache**, durch deren Annehmung er nur gewinnen, nichts verlieren kann, annehme« (denn solche Sachen giebt es gar nicht), sondern daß ein jeder das Recht des Angebots in demselben Augenblick unvermeidlich und stillschweigend, dabey aber doch gültig, immer wirklich annehme: wenn es nämlich die Natur der Sache so mit sich bringt, daß der Widerruf schlechterdings unmöglich ist, nämlich im Augenblicke seines Todes; denn da kann der Promittent nicht widerrufen, und der Promissar ist, ohne irgend einen rechtlichen Act begehen zu dürfen, in demselben Augenblick Acceptant, nicht der versprochenen Erbschaft, sondern des Rechts, sie anzunehmen oder auszuschlagen. In diesem Augenblicke sieht er sich bey Eröffnung des Testaments, daß er, schon vor der Acceptation der Erbschaft, vermögender geworden ist, als er war; denn er hat ausschließlich die Befugniß zu acceptiren erworben, welche schon ein Vermögensgenßumstand ist. — Daß hiebey ein bürgerlicher Zustand vorausgesetzt wird, um etwas zu dem Seinen eines Anderen zu machen, wenn man nicht mehr da ist, dieser Uebergang des Besitzthums aus der Todtenhand, ändert in Ansehung der Möglichkeit der Erwerbung nach allgemeinen Principien des Naturrechts nichts, wenn gleich der Anwendung derselben auf den vorkommenden Fall eine bürgerliche Verfassung zum Grunde gelegt werden muß. — Eine Sache nämlich, die ohne Bedingung anzunehmen oder auszuschlagen in meiner freyen Wahl gestellt wird, heißt res iacens. Wenn der Eigenthümer einer Sache mir etwas, z. B. ein Möbel des Hauses, aus dem ich auszuziehen eben im Begrif bin, umsonst anbietet (verspricht, es soll mein seyn), so habe ich, so lange er nicht widerruft, (welches wenn er darüber stirbt, unmöglich ist) ausschließlich ein Recht zur Acceptation des Angebotenen (ius in re jacente), d. i. ich allein kann es annehmen oder ausschlagen, wie es mir beliebt: und dieses Recht ausschließlich zu wählen erlange ich nicht vermittelst eines besonderen rechtlichen Acts meiner Declaration, ich wolle, dieses Recht solle mir zustehen, sondern ohne denselben (lege). — Ich kann also zwar mich dahin erklären, ich wolle, die Sache solle mir nicht angehören, (weil diese Annahme mir Verdrießlichkeiten mit Anderen zuziehen dürfte), aber ich kann nicht wollen, ausschließlich die Wahl zu haben, ob sie mir angehören solle oder nicht; denn dieses Recht (des Annehmens oder Ausschlagens) habe ich ohne alle Declaration meiner Annahme, unmittelbar durchs Angebot: denn wenn ich so gar die Wahl zu haben

ben ausschlagen könnte, so würde ich wählen nicht zu wählen; welches ein Widerspruch ist. Dieses Recht zu wählen geht nun im Augenblicke des Todes des Erb-Lassers auf mich über, durch dessen Vermächtniß (inſtitutio haeredis) ich zwar noch nichts von der Haabe und Gut des Erb-Lassers, aber doch den bloß-rechtlichen (intelligibelen) Besitz dieser Haabe oder eines Theils derselben erwerbe: deren Annahme ich mich nun zum Vortheil Anderer begeben kann, mithin dieser Besitz keinen Augenblick unterbrochen ist, sondern die Succession als eine stetige Reihenfolge, vom Sterbenden zum eingesetzten Erben durch seine Acceptation übergeht und so der Satz: teſtamenta ſunt iuris naturae wider alle Zweifel befestigt wird.

§.

Von den Rechten des Staats in Ansehung Ewiger Stiftungen für seine Unterthanen.

Stiftung (ſanctio teſtamentaria beneficii perpetui) ist die freywillige, durch den Staat bestätigte, für gewisse auf einander folgende Glieder desselben, bis zu ihrem gänzlichen Aussterben, errichtete wohlthätige Anstalt. — Sie heißt ewig, wenn die Verordnung zu Erhaltung derselben mit der Constitution des Staats selbst vereinigt ist (denn der Staat muß für ewig angesehen werden); ihre Wohlthätigkeit aber ist entweder für das Volk überhaupt oder für einen nach gewissen besonderen Grundsätzen vereinigten Theil desselben, einen Stand oder

M   für

für eine Familie und die ewige Fortdauer ihrer Descendenten abgezweckt. Ein Beyspiel vom ersteren sind die Hospitäler, vom zweyten die Kirchen, vom dritten die Orden (geistliche und weltliche), vom vierten die Majorate.

Von diesen Corporationen und ihrem Rechte zu succediren sagt man nun, sie können nicht aufgehoben werden; weil es durch Vermächtniß zum Eigenthum des eingesetzten Erben geworden sey, und eine solche Verfassung (corpus mysticum) aufzuheben so viel heiße, als jemanden das Seine nehmen.

A.

Die wohlthätige Anstalt für Arme, Invalide und Kranke, welche auf dem Staatsvermögen fundirt worden, (in Stiften und Hospitälern) ist allerdings unablöslich. Wenn aber nicht der Buchstabe sondern der Sinn des Willens des Testators den Vorzug haben soll, so können sich wohl Zeitumstände ereignen, welche die Aufhebung einer solchen Stiftung wenigstens ihrer Form nach anräthig machen. — So hat man gefunden: daß der Arme und Kranke (den vom Narrenhospital ausgenommen) besser und wohlfeiler versorgt werde, wenn ihm die Beyhülfe in einer gewissen (dem Bedürfnisse der Zeit proportionirten) Geldsumme, wofür er sich, wo er will, bey seinen Verwandten oder sonst Bekannten, einmiethen kann, gereicht wird, als wenn — wie im Hospital von Grenwich — prächtige und dennoch die Freyheit sehr beschränkende, mit einem kostbaren Personale versehenen Anstalten, dazu getroffen werden.

erläuternder Bemerkungen.

den. — Da kann man nun nicht sagen, der Staat nehme dem zum Genuß dieser Stiftung berechtigten Volke das Seine, sondern er befördert es vielmehr, indem er weisere Mittel zur Erhaltung desselben wählt.

B.

Die Geistlichkeit, welche sich fleischlich nicht fortpflanzt, (die katholische,) besitzt mit Begünstigung des Staats, Ländereyen und daran haftende Unterthanen, die einem geistlichen Staate (Kirche genannt) angehören, welchem die Weltliche durch Vermächtniß zum Heil ihrer Seelen sich als ihr Eigenthum hingegeben haben, und so hat der Clerus als ein besonderer Stand einen Besitzthum, der sich von einem Zeitalter zum anderen gesetzmäßig vererben läßt und durch päpstliche Bullen hinreichend documentirt ist. — Kann man nun wohl annehmen, daß dieses Verhältniß derselben zu den Layen durch die Machtvollkommenheit des weltlichen Staats, geradezu den ersteren könne genommen werden, und würde das nicht so viel seyn, als jemanden mit Gewalt das Seine nehmen; wie es doch von Ungläubigen der französischen Republik versucht wird.

Die Frage ist hier: ob die Kirche dem Staat oder der Staat der Kirche als das Seine angehören könne; denn zwey oberste Gewalten können einander ohne Widerspruch nicht untergeordnet seyn. — Daß nur die erstere Verfassung (politico-hierarchica) Bestand an sich haben könne, ist an sich klar: denn alle bürgerliche Verfassung ist von dieser Welt, weil sie eine irdische Gewalt (der Menschen)

schen) ist, die sich sammt ihren Folgen in der Erfahrung documentiren läßt. Die Gläubigen, deren Reich im Himmel und in jener Welt ist, müssen, in so fern man ihnen eine sich auf dieses beziehende Verfassung (hierarchico‑politica) zugesteht, sich den Leiden dieser Zeit unter der Obergewalt der Weltmenschen unterwerfen. — Also findet nur die erstere Verfassung statt.

Religion (in der Erscheinung), als Glaube an die Satzungen der Kirche und die Macht der Priester, als Aristocraten einer solchen Verfassung, oder auch, wenn diese monarchisch (päpstlich) ist, kann von keiner staatsbürgerlichen Gewalt dem Volke weder aufgedrungen, noch genommen werden, noch auch (wie es wohl in Großbritanien mit der Irländischen Nation gehalten wird) der Staatsbürger wegen einer von des Hofes seiner unterschiedenen Religion, von den Staatsdiensten und den Vortheilen, die ihm dadurch erwachsen, ausgeschlossen werden.

Wenn nun gewisse andächtige und gläubige Seelen, um der Gnade theilhaftig zu werden, welche die Kirche den Gläubigen auch nach dieser ihrem Tode zu erzeigen verspricht, eine Stiftung auf ewige Zeiten errichten, durch welche gewisse Ländereyen derselben nach ihrem Tode ein Eigenthum der Kirche werden sollen, und der Staat an diesem oder jenem Theil, oder gar ganz, sich der Kirche lehnspflichtig macht, um durch Gebete, Ablässe und Büssungen, durch welche die dazu bestellten Diener derselben (die Geistlichen) das Loos in der anderen Welt ihnen

vor‑

erläuternder Bemerkungen.

vortheilhaft zu machen verheißen: so ist eine solche vermeintlich auf ewige Zeiten gemachte Stiftung keineswegs auf ewig begründet, sondern der Staat kann diese Last, die ihm von der Kirche aufgelegt worden, abwerfen, wenn er will. — Denn die Kirche selbst ist als ein bloß auf Glauben errichtetes Institut, und, wenn die Täuschung aus dieser Meinung durch Volksaufklärung verschwunden ist, so fällt auch die darauf gegründete furchtbare Gewalt des Clerus weg, und der Staat bemächtigt sich mit vollem Rechte des angemaßten Eigenthums der Kirche: nämlich des durch Vermächtnisse an sie verschenkten Bodens; wiewohl die Lehnsträger des bis dahin bestandenen Instituts für ihre Lebenszeit schadenfrey gehalten zu werden, aus ihrem Rechte fordern können.

Selbst Stiftungen zu ewigen Zeiten für Arme, oder Schulanstalten, sobald sie einen gewissen, von dem Stifter nach seiner Idee bestimmten entworfenen Zuschnitt haben, können nicht auf ewige Zeiten fundirt und der Boden damit belästigt werden; sondern der Staat muß die Freyheit haben, sie nach dem Bedürfnisse der Zeit einzurichten. — Daß es schwerer hält, diese Idee allerwärts auszuführen (z. B. die Pauperbursche die Unzulänglichkeit des wohlthätig errichteten Schulfonds durch bettelhaftes Singen ergänzen zu müssen), darf niemanden wundern; denn der, welcher gutmüthiger= aber doch zugleich etwas ehrbegierigerweise eine Stiftung macht, will, daß sie nicht ein anderer nach seinen Begriffen umändere, sondern Er darin unsterblich sey. Das ändert aber nicht die Beschaffenheit

der

der Sache selbst und das Recht des Staats, ja die Pflicht desselben zum Umändern einer jeden Stiftung, wenn sie der Erhaltung und dem Fortschreiten desselben zum Besseren entgegen ist, kann daher niemals als auf ewig begründet betrachtet werden.

C.

Der Adel eines Landes, das selbst nicht unter einer aristocratischen, sondern monarchischen Verfassung steht, mag immer ein, für ein gewisses Zeitalter erlaubtes, und den Umständen nach nothwendiges Institut seyn; aber daß dieser Stand auf ewig könne begründet werden, und ein Staatsoberhaupt nicht solle die Befugniß haben, diesen Standesvorzug gänzlich aufzuheben, oder, wenn er es thut, man sagen könne, er nehme seinem (adlichen) Unterthan das Seine, was ihm erblich zukommt, kann keinesweges behauptet werden. Er ist eine temporäre, vom Staat autorisirte, Zunftgenossenschaft, die sich nach den Zeitumständen bequemen muß, und dem allgemeinen Menschenrechte, das so lange suspendirt war, nicht Abbruch thun darf. — Denn der Rang des Edelmanns im Staate ist von der Constitution selber nicht allein abhängig, sondern ist nur ein Accidenz derselben, was nur durch Inhärenz in demselben existiren kann (ein Edelmann kann ja als ein solcher, nur im Staate, nicht im Stande der Natur gedacht werden). Wenn also der Staat seine Constitution abändert, so kann der, welcher hiemit jenen Titel und Vorrang einbüßt, nicht sagen, es sey ihm das Seine genommen;

erläuternder Bemerkungen.

men; weil er es nur unter der Bedingung der Fortdauer dieser Staatsform das Seine nennen konnte: der Staat aber diese abzuändern (z. B. in den Republikanism umzuformen) das Recht hat. — Die Orden, und der Vorzug, gewisse Zeichen desselben zu tragen, geben also kein ewiges Recht dieses Besitzes.

D.

Was endlich die Majoratsstiftung betrifft, da ein Gutsbesitzer durch Erbeseinsetzung verordnet: daß in der Reihe der auf einander folgenden Erben immer der nächste von der Familie der Gutsherr seyn solle, (nach der Analogie mit einer monarchisch = erblichen Verfassung eines Staats, wo der Landesherr es ist), so kann eine solche Stiftung nicht allein mit Beystimmung aller Agnaten jederzeit aufgehoben werden und darf nicht auf ewige Zeiten — gleich als ob das Erbrecht am Boden haftete, — immerwährend fortdauern, noch gesagt werden, es sey eine Verletzung der Stiftung und des Willens des Uranherrn derselben, des Stifters, sie eingehen zu lassen: sondern der Staat hat auch hier ein Recht, ja sogar die Pflicht, bey den allmählig eintretenden Ursachen seiner eigenen Reform ein solches föderatives System seiner Unterthanen, gleich als Unterkönige, (nach der Analogie von Dynasten und Satrapen) wenn es erloschen ist, nicht weiter aufkommen zu lassen.

Be=

Beschluß.

Zuletzt hat der Herr Recensent von den unter der Rubrik, öffentliches Recht, aufgeführten Ideen »von denen, wie er sagt, der Raum nicht erlaube, sich darüber zu äußern,« noch folgendes angemerkt. »Unseres Wissens hat noch kein Philosoph den paradoxesten aller paradoxen Sätze anerkannt, den Satz: daß die bloße Idee der Oberherrschaft mich nöthigen soll, jedem, der sich zu meinem Herrn aufwirft, als meinem Herrn zu gehorchen, ohne zu fragen, wer ihm das Recht gegeben, mir zu befehlen? Daß man Oberherrschaft und Oberhaupt anerkennen und man Diesen oder Jenen, dessen Daseyn nicht einmal a priori gegeben ist, a priori für seinen Herren halten soll, das soll einerley seyn?« — Nun, hiebey die Paradoxie eingeräumt, hoffe ich es solle, näher betrachtet, doch wenigstens der Heterodoxie nicht überwiesen werden können; vielmehr solle es dem einsichtsvollen und mit Bescheidenheit tadelnden, gründlichen Recensenten (der, jenes genommenen Anstoßes ungeachtet, »diese metaph. A. G. der Rechtslehre im Ganzen als Gewinn für die Wissenschaft ansieht«) nicht gereuen, sie, wenigstens als einen der zweyten Prüfung nicht unwürdigen Versuch, gegen Anderer iretzige und seichte Absprechungen in Schutz genommen zu haben.

Daß dem, welcher sich im Besitz der zu oberst, gebietenden und gesetzgebenden Gewalt über ein Volk befindet, müsse gehorcht werden und zwar so juridisch=unbedingt,

erläuternder Bemerkungen.

dingt, daß auch nur nach dem Titel dieser seiner Erwerbung öffentlich zu forschen, also ihn zu bezweifeln, um sich, bey etwaniger Ermangelung desselben, ihm zu widersetzen, schon strafbar: daß es ein cathegorischer Imperativ sey: Gehorchet der Obrigkeit (in allem, was nicht dem inneren Moralischen widerstreitet), die Gewalt über euch hat, ist der anstößige Satz, der in Abrede gezogen wird. — Nicht allein aber dieses Princip, welches ein Factum (die Bemächtigung), als Bedingung dem Rechte zum Grunde legt, sondern daß selbst die bloße Idee der Oberherrschaft über ein Volk mich, der ich zu ihm gehöre, nöthige, ohne vorhergehende Forschung, dem angemaßten Rechte zu gehorchen, (N. L. §. 44.) das scheint die Vernunft des Rec. zu empören.

Ein jedes Factum (Thatsache) ist Gegenstand in der Erscheinung (der Sinne); dagegen das, was nur durch reine Vernunft vorgestellt werden kann, was zu den Ideen gezählt werden muß, denen adäquat kein Gegenstand in der Erfahrung gegeben werden kann, dergleichen eine vollkommene rechtliche Verfassung unter Menschen ist, das ist das Ding an sich selbst.

Wenn dann nun ein Volk, durch Gesetze unter einer Obrigkeit vereinigt, da ist, so ist der Idee der Einheit desselben überhaupt unter einem machthabenden obersten Willen, gemäß, als Gegenstand der Erfahrung gegeben; aber freylich nur in der Erscheinung; d. i. eine recht=

rechtliche Verfassung, im allgemeinen Sinne des Worts, ist da; und, obgleich sie mit großen Mängeln und groben Fehlern behaftet seyn und nach und nach wichtiger Verbesserungen bedürfen mag, so ist es doch schlechterdings unerlaubt und sträflich, ihr zu widerstehen; weil, wenn das Volk dieser, obgleich noch fehlerhaften Verfassung und der obersten Autorität Gewalt entgegen setzen zu dürfen, sich berechtigt hielte, es sich dünken würde, ein Recht zu haben: Gewalt an die Stelle der alle Rechte zu oberst vorschreibenden Gesetzgebung zu setzen; welches einen sich selbst zerstöhrenden obersten Willen abgeben würde.

Die Idee einer Staatsverfassung überhaupt, welche zugleich absolutes Gebot der nach Rechtsbegriffen urtheilenden practischen Vernunft für ein jedes Volk ist, ist **heilig und unwiderstehlich**; und, wenn gleich die Organisation des Staats durch sich selbst fehlerhaft wäre, so kann doch keine subalterne Gewalt in demselben dem gesetzgebenden Oberhaupte desselben thätlichen Widerstand entgegensetzen, sondern die ihm anhängenden Gebrechen müssen durch Reformen, die er an sich selbst verrichtet, allmählig gehoben werden; weil sonst bey einer entgegengesetzten Maxime des Unterthans (nach eigenmächtiger Willkühr zu verfahren) eine gute Verfassung selbst nur durch blinden Zufall zu Stande kommen kann. — Das Gebot: „Gehorchet der Obrigkeit, die Gewalt über euch hat" grübelt nicht nach, wie sie zu dieser Gewalt gekommen sey (um sie allenfalls zu untergraben); denn die, welche schon da ist, unter welcher ihr lebt, ist schon im

Besitz der Gesetzgebung, über die ihr zwar öffentlich vernünfteln, euch aber selbst nicht zu widerstrebenden Gesetzgebern aufwerfen könnt.

Unbedingte Unterwerfung des Volkswillens (der an sich unvereinigt, mithin gesetzlos ist) unter einem Souveränen (alle durch Ein Gesetz vereinigenden) Willen, ist That, die nur durch Bemächtigung der obersten Gewalt anheben kann, und so zuerst ein öffentliches Recht begründet. — Gegen diese Machtvollkommenheit noch einen Widerstand zu erlauben (der jene oberste Gewalt einschränkete), heißt sich selbst widersprechen; denn alsdann wäre jene (welcher widerstanden werden darf) nicht die gesetzliche oberste Gewalt, die zuerst bestimmt, was öffentlich recht seyn soll oder nicht — und dieses Princip liegt schon a priori in der Idee einer Staatsverfassung überhaupt, d. i. in einem Begriffe der practischen Vernunft; dem zwar adäquat kein Beispiel in der Erfahrung untergelegt werden kann, dem aber auch, als Norm, keine widersprechen muß.

Der

Der
Rechtslehre
Zweyter Theil.

Das öffentliche Recht.

Des öffentlichen Rechts
Erster Abschnitt.

Das Staatsrecht.

§. 14.

Der Inbegrif der Gesetze, die einer allgemeinen Bekanntmachung bedürfen, um einen rechtlichen Zustand hervorzubringen, ist das öffentliche Recht. — Dieses ist also ein System von Gesetzen für ein Volk, d. i. eine Menge von Menschen, oder für eine Menge von Völkern, die, im wechselseitigen Einflusse gegen einander stehend, des rechtlichen Zustandes unter einem sie vereinigenden Willen, einer Verfassung (constitutio) bedürfen, um dessen, was Rechtens ist, theilhaftig zu werden. — Dieser Zustand der Einzelnen im Volke in Verhältniß unter einander, heißt der bürgerliche (status civilis), und das Ganze derselben, in Beziehung auf seine eigene Glieder, der Staat (civitas), welcher,

seiner

seiner Form wegen, als verbunden durch das gemeinsame Interesse Aller, im rechtlichen Zustande zu seyn, das gemeine Wesen (res publica latius sic dicta) genennt wird, in Verhältniß aber auf andere Völker eine Macht (potentia) schlechthin heißt, (daher das Wort Potentaten), was sich auch wegen (anmaßlich) angeerbter Vereinigung ein Stammvolk (gens) nennt, und so, unter dem allgemeinen Begriffe des öffentlichen Rechts nicht bloß das Staats= sondern auch ein Völkerrecht (ius gentium) zu denken Anlaß giebt: welches dann, weil der Erdboden eine nicht gränzenlose, sondern sich selbst schließende Fläche ist, beydes zusammen zu der Idee eines Völkerstaatsrechts (ius gentium) oder des Weltbürgerrechts (ius cosmopoliticum) unumgänglich hinleitet: so, daß, wenn unter diesen drey möglichen Formen des rechtlichen Zustandes, es nur einer an dem die äußere Freyheit durch Gesetze einschränkenden Princip fehlt, das Gebäude aller übrigen durch Gesetze unvermeidlich untergraben werden, und endlich einstürzen muß.

§. 35.

Es ist nicht etwa die Erfahrung, durch die wir von der Maxime der Gewaltthätigkeit der Menschen belehrt werden, und ihrer Bösartigkeit, sich, ehe eine äußere machthabende Gesetzgebung erscheint, einander zu befehden, also nicht etwa ein Factum, welches den öffentlich gesetzlichen Zwang nothwendig macht, sondern, sie mögen auch so gutartig und rechtliebend gedacht werden, wie man will, so liegt es doch a priori in der Vernunftidee eines solchen

(nicht=

nicht=rechtlichen) Zustandes, daß, bevor ein öffentlich gesetzlicher Zustand errichtet worden, vereinzelte Menschen, Völker und Staaten, niemals vor Gewaltthätigkeit gegen einander sicher seyn können, und zwar aus jedes seinem eigenen Rechte zu thun, was ihm recht und gut dünkt, und hierin von der Meinung des Anderen nicht abzuhängen; mithin das Erste, was ihm zu beschließen obliegt, wenn er nicht allen Rechtsbegriffen entsagen will, der Grundsatz sey: man müsse aus dem Naturzustande, in welchem jeder seinem eigenen Kopfe folgt, herausgehen, und sich mit allen anderen (mit denen in Wechselwirkung zu gerathen er nicht vermeiden kann) dahin vereinigen, sich einem öffentlich gesetzlichen äußeren Zwange zu unterwerfen, also in einen Zustand treten, darin jedem das, was für das Seine anerkannt werden soll, gesetzlich bestimmt, und durch hinreichende Macht (die nicht die seinige, sondern eine äußere ist) zu Theil wird, d. i. er solle vor allen Dingen in einen bürgerlichen Zustand treten.

Zwar durfte sein natürlicher Zustand nicht eben darum ein Zustand der Ungerechtigkeit (iniustus) seyn, einander nur nach dem bloßen Maaße seiner Gewalt zu begegnen; aber es war doch ein Zustand der Rechtlosigkeit (status iustitia vacuus), wo, wenn das Recht streitig (ius controuersum) war, sich kein competenter Richter fand, rechtskräftig den Ausspruch zu thun, aus welchem nun in einen rechtlichen zu treten, ein jeder den Anderen mit Gewalt antreiben darf; weil, obgleich

N   nach

nach jedes seinen Rechtsbegriffen etwas Aeußeres durch Bemächtigung oder Vertrag erworben werden kann, diese Erwerbung doch nur provisorisch ist, so lange sie noch nicht die Sanction eines öffentlichen Gesetzes für sich hat, weil sie durch keine öffentliche (distributive) Gerechtigkeit bestimmt, und durch keine, dies Recht ausübende Gewalt gesichert ist.

Wollte man vor Eintretung in den bürgerlichen Zustand gar keine Erwerbung, auch nicht einmal provisorisch, für rechtlich erkennen, so würde jener selbst unmöglich seyn. Denn, der Form nach, enthalten die Gesetze über das Mein und Dein im Naturzustande ebendasselbe, was die im bürgerlichen vorschreiben, so fern dieser bloß nach reinen Vernunftbegriffen gedacht wird: nur daß im letzteren die Bedingungen angegeben werden, unter denen jene zur Ausübung (der distributiven Gerechtigkeit gemäß) gelangen. — Es würde also, wenn es im Naturzustande auch nicht provisorisch ein äußeres Mein und Dein gäbe, auch keine Rechtspflichten in Ansehung desselben, mithin auch kein Gebot geben, aus jenem Zustande herauszugehen.

§. 45.

Ein Staat (ciuitas) ist die Vereinigung einer Menge von Menschen unter Rechtsgesetzen. So fern diese als Gesetze a priori nothwendig, d. i. aus Begriffen des äußeren Rechts überhaupt von selbst folgend

(nicht

(nicht statutarisch) sind, ist seine Form, die Form eines Staats überhaupt, d. i. der Staat in der Idee, wie er nach reinen Rechtsprincipien seyn soll, welche jeder wirklichen Vereinigung zu einem gemeinen Wesen (also im Inneren) zur Richtschnur (norma) dient.

Ein jeder Staat enthält drey Gewalten in sich, d. i. den allgemein vereinigten Willen in dreyfacher Person (trias politica): die Herrschergewalt (Souverainität), in der des Gesetzgebers, die vollziehende Gewalt, in der des Regierers (zu Folge dem Gesetz) und die rechtsprechende Gewalt, (als Zuerkennung des Seinen eines jeden nach dem Gesetz) in der Person des Richters (potestas legislatoria, rectoria et iudiciaria) gleich den drey Sätzen in einem practischen Vernunftschlusse, dem Obersatz, der das Gesetz eines Willens, dem Untersatze, der das Gebot des Verfahrens nach dem Gesetz, d. i. das Princip der Subsumtion unter denselben, und dem Schlußsatze, der den Rechtsspruch (die Sentenz enthält, was im vorkommenden Falle Rechtens ist.

§. 30.

Die gesetzgebende Gewalt kann nur dem vereinigten Willen des Volkes zukommen. Denn, da von ihr alles Recht ausgehen soll, so muß sie durch ihr Gesetz schlechterdings niemand Unrecht thun können. Nun ist es, wenn jemand etwas gegen einen Anderen verfügt, immer möglich, daß er ihm dadurch unrecht thue, nie aber in dem, was er über sich selbst beschließt (denn volenti non fit iniuria). Also kann nur der übereinstimmende und vereinigte Wille Aller, so fern ein jeder über Alle und Alle über einen jeden ebendasselbe beschließen, mithin nur der allgemein vereinigte Volkswille gesetzgebend seyn.

Die zur Gesetzgebung vereinigten Glieder einer solchen Gesellschaft (societas civilis) d. i. eines Staats, heißen Staatsbürger (cives), und die rechtlichen, von ihrem Wesen (als solchem) unabtrennlichen Attribute derselben, sind gesetzliche Freyheit, keinem anderen Gesetz zu gehorchen, als zu welchem er seine Beystimmung gegeben hat — bürgerliche Gleichheit, keinen Oberen im Volk, in Ansehung seiner zu erkennen, als einen solchen, den er eben so rechtlich zu verbinden das moralische Vermögen hat, als dieser ihn verbinden kann: drittens. das Attribut der bürgerlichen Selbstständigkeit, seine Existenz und Erhaltung nicht der Willkühr eines Anderen im Volke, sondern seinen eigenen Rechten und Kräften als Glied des gemeinen Wesens verdanken zu können, folglich die bürgerliche Persönlichkeit in Rechtsangelegenheiten durch keinen Anderen vorgestellt werden zu dürfen.

Nur die Fähigkeit der Stimmgebung macht die Qualification zum Staatsbürger aus; jene aber setzt die Selbstständigkeit dessen im Volke voraus, der nicht bloß Theil des gemeinen Wesens, sondern auch Glied desselben, d. i. aus eigener Willkühr in Gemeinschaft mit anderen handelnder Theil desselben seyn will.

Die

Die letztere Qualität macht aber die Unterscheidung des activen vom passiven Staatsbürger nothwendig: obgleich der Begriff des letzteren mit der Erklärung des Begrifs von einem Staatsbürger überhaupt im Widerspruch zu stehen scheint. — Folgende Beyspiele können dazu dienen, diese Schwierigkeit zu heben: Der Geselle bey einem Kaufmann, oder bei einem Handwerker: der Dienstbote (nicht der im Dienste des Staats steht).: der Unmündige (naturaliter vel civiliter): alles Frauenzimmer, und überhaupt jedermann, der nicht nach eigenem Betriebe, sondern nach der Verfügung Anderer (außer der des Staats), genöthigt ist, seine Existenz (Nahrung und Schutz) zu erhalten, entbehrt der bürgerlichen Persönlichkeit, und seine Existenz ist gleichsam nur Inhärenz. — Der Holzhacker, den ich auf meinem Hofe anstelle, der Schmidt in Indien, der mit seinem Hammer, Ambos und Blasbalg in die Häuser geht, um da in Eisen zu arbeiten, in Vergleichung mit dem europäischen Tischler oder Schmidt, der die Producte aus dieser Arbeit als Waare öffentlich feil stellen kann; der Hauslehrer, in Vergleichung mit dem Schulmanne, der Zinsbauer, in Vergleichung mit dem Pächter u. dergl., sind bloß Handlanger des gemeinen Wesens, weil sie von anderen Individuen befehligt oder beschützt werden müssen, mithin keine bürgerliche Selbstständigkeit besitzen.

Diese Abhängigkeit von dem Willen Anderer und Ungleichheit, ist gleichwohl keinesweges der Freyheit und Gleichheit derselben als Menschen, die zusammen ein Volk ausmachen, entgegen: vielmehr kann
bloß

bloß den Bedingungen derselben gemäß, dieses Volk ein Staat werden, und in eine bürgerliche Verfassung eintreten. In dieser Verfassung aber das Recht der Stimmgebung zu haben, d. i. Staatsbürger, nicht bloß Staatsgenosse zu seyn, dazu qualificiren sich nicht alle mit gleichem Rechte. Denn daraus, daß sie fordern können, von allen Anderen nach Gesetzen der natürlichen Freyheit und Gleichheit als **passive** Theile des Staats behandelt zu werden, folgt nicht das Recht, auch, als active Glieder den Staat selbst zu behandeln, zu organisiren oder zu Einführung gewisser Gesetze mitzuwirken; sondern nur daß, welcherley Art die positiven Gesetze, wozu sie stimmen, auch seyn möchten, sie doch den natürlichen der Freyheit und der dieser angemessenen Gleichheit Aller im Volke, sich nämlich aus diesem passiven Zustande zu dem activen empor arbeiten zu können, nicht zuwider seyn müssen.

§. 47.

Alle jene drey Gewalten im Staate sind Würden, und als wesentliche aus der Idee eines Staats überhaupt zur Gründung desselben (Constitution) nothwendig hervorgehend, Staatswürden. Sie enthalten das Verhältniß eines allgemeinen Oberhaupts (der, nach Freyheitsgesetzen betrachtet, kein Anderer als das vereinigte Volk selbst seyn kann) zu der vereinzelten Menge eben desselben als Unterthans, d. i. des Gebietenden (imperans) gegen den Gehorsamenden (subditus). — Der Act, wodurch sich das Volk selbst zu einem Staat constituirt, eigentlich aber nur die Idee desselben, nach
der

der die Rechtmäßigkeit desselben allein gedacht werden kann, ist der ursprüngliche Contract, nach welchem alle (omnes et singuli) im Volk ihre äußere Freyheit aufgeben, um sie als Glieder eines gemeinen Wesens, d. i. des Volks als Staat betrachtet (vniuersi) sofort wieder aufzunehmen, und man kann nicht sagen: der Staat, der Mensch im Staate habe einen Theil seiner angebohrnen äußeren Freyheit einem Zwecke aufgeopfert, sondern er hat die wilde gesetzlose Freyheit gänzlich verlassen, um seine Freyheit überhaupt in einer gesetzlichen Abhängigkeit, d. i. in einem rechtlichen Zustande unvermindert wieder zu finden; weil diese Abhängigkeit aus seinem eigenen gesetzgebenden Willen entspringt.

§. 48.

Die drey Gewalten im Staate sind also erstlich einander, als so viel moralische Personen, beygeordnet (potestates coordinatae), d. i. die eine ist das Ergänzungsstück der Anderen zur Vollständigkeit (complementum ad sufficientiam) der Staatsverfassung; aber, zweytens, auch einander untergeordnet (subordinatae), so, daß eine nicht zugleich die Function der anderen, der sie zur Hand geht, usurpiren kann, sondern ihr eigenes Princip hat, d. i. zwar in der Qualität einer besonderen Person, aber doch unter der Bedingung des Willens einer oberen gebietet; drittens, durch Vereinigung beyder jedem Unterthane sein Recht ertheilend seyn.

Von diesen Gewalten in ihrer Würde betrachtet, wird es heißen: der Wille des Gesetzgebers (legislatoris) in Ansehung dessen, was das äußere Mein und Dein betrift, ist **untadelich** (irreprehensibel), das Ausführungs=Vermögen des Oberbefehlshabers (summi rectoris) **unwiderstehlich** (irresistibel) und der Rechtsspruch des obersten Richters (supremi iudicis) **unabänderlich** (inappellabel).

§. 49.

Der Regent des Staats (rex, princeps) ist diejenige (moralische oder physische) Person, welcher die ausübende Gewalt (potestas executoria) zukommt: der Agent des Staats, der die Magistrate einsetzt, dem Volke die Regeln vorschreibt, nach denen ein jeder in demselben dem Gesetze gemäß (durch Subsumtion eines Falles unter demselben), etwas erwerben, oder das Seine erhalten kann. Als moralische Person betrachtet, heißt er das **Directorium**, die Regierung. Seine Befehle an das Volk und die Magistrate, und ihre Obere (Minister), welchen die **Staatsverwaltung** (gubernatio) obliegt, sind Verordnungen, Decrete (nicht Gesetze); denn sie gehen auf Entscheidung in einem besonderen Fall, und werden als abänderlich gegeben. Eine Regierung, die zugleich gesetzgebend wäre, würde **despotisch** zu nennen seyn, im Gegensatz mit der **patriotischen**, unter welcher aber nicht eine väterliche (regimen paternale), als die am meisten despotische unter allen (Bürger als Kinder zu behandeln), sondern vaterländische (regimen civitatis et patriae) verstanden wird, wo der Staat selbst (civitas) seine Unterthanen zwar gleichsam als Glieder einer Familie, doch zugleich als Staatsbürger, d.i. nach Gesetzen ihrer eigenen Selbstständigkeit behandelt, jeder sich selbst besitzt, und nicht vom absoluten Willen eines Anderen neben oder über ihm abhängt.

Der Beherrscher des Volks, (der Gesetzgeber) kann also nicht zugleich der Regent seyn, denn dieser steht unter dem Gesetz, und wird durch dasselbe, folglich von einem Anderen, dem Souverän, verpflichtet. Jener kann diesem auch seine Gewalt nehmen, ihn absetzen, oder seine Verwaltung reformiren, aber ihn nicht strafen; (und das bedeutet allein der in England gebräuchliche Ausdruck: der König, d. i. die oberste ausübende Gewalt, kann nicht unrecht thun) denn das wäre wiederum ein Act der ausübenden Gewalt, der zu oberst das Vermögen dem Gesetze gemäß zu zwingen zusteht, die aber doch selbst einem Zwange unterworfen wäre; welches sich widerspricht.

Endlich kann, weder der Staatsherrscher noch der Regierer, richten, sondern nur Richter, als Magisträte einsetzen. Das Volk richtet sich selbst durch diejenigen ihrer Mitbürger, welche durch freye Wahl, als Repräsentanten desselben, und zwar für jeden Act besonders, dazu ernannt werden. Denn der Rechtsspruch, (die Sentenz) ist ein einzelner Act der öffentlichen Gerechtigkeit (iustitiae distributiuae) durch einen Staatsverwalter

(Rich=

(Richter oder Gerichtshof) auf den Unterthan, d. i. einen, der zum Volke gehört, mithin mit keiner Gewalt bekleidet ist, ihm das Seine zuzuerkennen (zu ertheilen). Da nun ein jeder im Volke diesem Verhältnisse nach (zur Obrigkeit) bloß passiv ist, so würde eine jede jener beyden Gewalten in dem, was sie über den Unterthan, im streitigen Falle des Seinen eines jeden, beschließen, ihm unrecht thun können; weil es nicht das Volk selbst thäte, und, ob schuldig oder nichtschuldig, über seine Mitbürger aussprache; auf welche Ausmittelung der That in der Klagsache nun der Gerichtshof das Gesetz anzuwenden, und, vermittelst der ausführenden Gewalt, einem jeden das Seine zu Theil werden zu lassen, die richterliche Gewalt hat. Also kann nur das Volk, durch seine von ihm selbst abgeordnete Stellvertreter (die Jury), über jeden in demselben, obwohl nur mittelbar, richten. — Es wäre auch unter der Würde des Staatsoberhaupts, den Richter zu spielen, d. i. sich in die Möglichkeit zu versetzen, Unrecht zu thun, und so in den Fall der Apellation (a rege male informato ad regem melius informandum) zu gerathen.

Also sind es drey verschiedene Gewalten (potestas legislatoria, executoria, iudiciaria), wodurch der Staat (ciuitas) seine Autonomie hat, d. i. sich nach Freyheitsgesetzen bildet und erhält. — In ihrer Vereinigung besteht das Heil des Staats (salus reipublicae suprema lex est); worunter man nicht das Wohl der Saatsbürger und ihre Glückseligkeit verstehen muß; denn die

kann

kann vielleicht (wie auch Rousseau behauptet) im Naturzustande, oder auch unter einer despotischen Regierung, viel behaglicher und erwünschter ausfallen: sondern den Zustand der größten Uebereinstimmung der Verfassung mit Rechtsprincipien versteht, als nach welchem zu streben uns die Vernunft durch einen categorischen Imperativ verbindlich macht.

Allgemeine Anmerkung
von den rechtlichen Wirkungen aus der Natur des bürgerlichen Vereins.

A.

Der Ursprung der obersten Gewalt ist für das Volk, das unter derselben steht, in practischer Absicht unerforschlich: d.i. der Unterthan soll nicht über diesen Ursprung, als ein noch in Ansehung des ihr schuldigen Gehorsams zu bezweifelndes Recht (ius controuersum), werkthätig vernünfteln. Denn, da das Volk, um rechtskräftig über die oberste Staatsgewalt (summum imperium) zu urtheilen, schon als unter einem allgemein gesetzgebenden Willen vereint angesehen werden muß, so kann und darf es nicht anders urtheilen, als das gegenwärtige Staatsoberhaupt (summus imperans) es will. — Ob ursprünglich ein wirklicher Vertrag der Unterwerfung unter denselben (pactum subiectionis ciuilis) als ein Factum vorhergegangen, oder ob die Gewalt vorherging, und das

Ge=

Gesetz nur hintennach gekommen sey, oder auch in dieser Ordnung sich habe folgen sollen: das sind für das Volk, das nun schon unter dem bürgerlichen Gesetze steht, ganz zweckleere, und doch den Staat mit Gefahr bedrohende Vernünfteleyen; denn, wollte der Unterthan, der den letzteren Ursprung nun ergrübelt hätte, sich jener jetzt herrschenden Autorität widersetzen, so würde er nach den Gesetzen derselben, d. i. mit allem Rechte bestraft, vertilgt, oder (als vogelfrey exlex) ausgestoßen werden. — Ein Gesetz, das so heilig (unverletzlich) ist, daß es, practisch, auch nur in Zweifel zu ziehen, mithin seinen Effect einen Augenblick zu suspendiren, schon ein Verbrechen ist, wird so vorgestellt, als ob es nicht von Menschen, aber doch von irgend einem höchsten tadelfreyen Gesetzgeber herkommen müsse, und das ist die Bedeutung des Satzes: »alle Obrigkeit ist von Gott,« welcher nicht einen Geschichtsgrund der bürgerlichen Verfassung, sondern eine Idee, als practisches Vernunftprincip, aussagt: der jetzt bestehenden gesetzgebenden Gewalt gehorchen zu sollen; ihr Ursprung mag seyn, welcher er wolle.

Hieraus folgt nun der Satz: der Herrscher im Staate hat gegen den Unterthan lauter Rechte und keine (Zwangs=) Pflichten. — Ferner, wenn das Organ des Herrschers, der Regent, auch den Gesetzen zuwider verführe, z. B. mit Auflagen, Recrutirungen, u. dgl., wider das Gesetz der Gleichheit in Vertheilung der Staatslasten, so darf der Unterthan dieser Ungerechtigkeit zwar Beschwerden (gravamina), aber keinen Widerstand entgegensetzen.

Ja es kann auch selbst in der Constitution kein Artikel enthalten seyn, der es einer Gewalt im Staate möglich machte, sich, im Fall der Uebertretung der Constitutionalgesetze durch den obersten Befehlshaber, ihm zu widersetzen, mithin ihn einzuschränken. Denn der, welcher die Staatsgewalt einschränken soll, muß doch mehr, oder wenigstens gleiche Macht haben, als derjenige, welcher eingeschränkt wird, und, als ein rechtmäßiger Gebieter, der den Unterthanen befähle, sich zu widersetzen, muß er sie auch schützen können, und in jedem vorkommenden Falle rechtskräftig urtheilen, mithin öffentlich den Widerstand befehligen können. Alsdann ist aber nicht jener, sondern dieser der oberste Befehlshaber; welches sich widerspricht. Der Souverän verfährt alsdann durch seinen Minister zugleich als Regent, mithin despotisch, und das Blendwerk, das Volk durch die Deputirte desselben die einschränkende Gewalt vorstellen zu lassen (da es eigentlich nur die gesetzgebende hat), kann die Despotie nicht so verstecken, daß sie aus den Mitteln, deren sich der Minister bedient, nicht hervorblickte. Das Volk, das durch seine Deputirte (im Parlament), repräsentirt wird, hat an diesen Gewährsmännern seiner Freyheit und Rechte Leute, die für sich und ihre Familien, und dieser ihre vom Minister abhängigen Versorgung, in Armeen, Flotte und Civilämtern, lebhaft interessirt sind, und die (statt des Widerstandes gegen die Anmaßung der Regierung, dessen öffentliche Ankündigung ohnedem eine dazu schon vorbereitete Einhelligkeit im Volke bedarf, die aber im Frieden nicht erlaubt seyn kann) vielmehr immer bereit sind, sich selbst die Regierung

rung in die Hände zu spielen. — Also ist die sogenannte gemäßigte Staatsverfassung, als Constitution des innern Rechts des Staats, ein Unding, und, anstatt zum Recht zu gehören, nur ein Klugheitsprincip, um, so viel als möglich, dem mächtigen Uebertreter der Volksrechte, seine willkührlichen Einflüsse auf die Regierung nicht zu erschweren, sondern unter dem Schein einer dem Volke verstatteten Opposition zu bemänteln.

Wider das gesetzgebende Oberhaupt des Staats giebt es also keinen rechtmäßigen Widerstand des Volks; denn nur durch Unterwerfung unter seinen allgemein=gesetzgebenden Willen ist ein rechtlicher Zustand möglich; also kein Recht des **Aufstandes** (seditio), noch weniger des **Aufruhrs** (rebellio), am allerwenigsten gegen ihn, als einzelne Person (Monarch), unter dem Vorwande des Mißbrauchs seiner Gewalt (tyrannis), Vergreifung an seiner Person, ja an seinem Leben (monarchomachismus sub specie tyrannicidii). Der geringste Versuch hiezu ist **Hochverrath** (proditio eminens), und der Verräther dieser Art kann als einer, der sein Vaterland umzubringen versucht (parricida), nicht minder als mit dem Tode bestraft werden. — — Der Grund der Pflicht des Volks, einen, selbst den für unerträglich ausgegebenen Mißbrauch der obersten Gewalt, dennoch zu ertragen, liegt darin: daß sein Widerstand wider die höchste Gesetzgebung selbst niemals anders, als gesetzwidrig, ja als die ganze gesetzliche Verfassung zernichtend gedacht werden muß. Denn, um zu dem-
sel-

selben befugt zu seyn, müßte ein öffentliches Gesetz vorhanden seyn, welches diesen Widerstand des Volks erlaubte, d. i. die oberste Gesetzgebung enthielte eine Bestimmung in sich, nicht die oberste zu seyn, und das Volk, als Unterthan, in einem und demselben Urtheile zum Souverän über den zu machen, dem es unterthänig ist; welches sich widerspricht, und wovon der Widerspruch durch die Frage alsbald in die Augen fällt: wer denn in diesem Streit zwischen Volk und Souverän Richter seyn sollte (denn es sind, rechtlich betrachtet, doch immer zwey verschiedene moralische Personen); wo sich dann zeigt, daß das erstere es in seiner eigenen Sache seyn will. *)

Eine

*) Weil die Entthronung eines Monarchen doch auch als freiwillige Ablegung der Krone und Niederlegung seiner Gewalt, mit Zurückgebung derselben an das Volk, gedacht werden kann, oder auch als eine, ohne Vergreifung an der höchsten Person, vorgenommene Verlassung derselben, wodurch sie in den Privatstand versetzt werden würde, so hat das Verbrechen des Volks, welches sie erzwang, doch noch wenigstens den Vorwand des Nothrechts (casus necessitatis) für sich, niemals aber das mindeste Recht ihn, das Oberhaupt, wegen der vorigen Verwaltung zu strafen; weil alles, was er vorher in der Qualität eines Oberhaupts that, als äußerlich rechtmäßig geschehen, angesehen werden muß, und er selbst, als Quell der Gesetze betrachtet, nicht unrecht thun kann. Unter allen Gräueln einer Staatsumwälzung durch Aufruhr,

Eine Veränderung der (fehlerhaften) Staatsverfassung, die wohl bisweilen nöthig seyn mag — kann also nur

rubt, ist selbst die Ermordung des Monarchen noch nicht das ärgste; denn noch kann man sich vorstellen, sie geschehe vom Volk aus Furcht, er könne, wenn er am Leben bleibt, sich wieder ermannen, und jenes die verdiente Strafe fühlen lassen, und solle also nicht eine Verfügung der Strafgerechtigkeit, sondern bloß der Selbsterhaltung seyn. Die formale Hinrichtung ist es, was die mit Ideen des Menschenrechts erfüllete Seele mit einem Schaudern ergreift, das man wiederholentlich fühlt, so bald und so oft man sich diesen Auftritt denkt, wie das Schicksal Carls I. oder Ludwigs XVI. Wie erklärt man sich aber dieses Gefühl, was hier nicht ästhetisch (ein Mitgefühl, Wirkung der Einbildungskraft, die sich in die Stelle des Leidenden versetzt), sondern moralisch, der gänzlichen Umkehrung aller Rechtsbegriffe ist? Es wird als Verbrechen, was ewig bleibt, und nie ausgetilgt werden kann (crimen immortale, inexpiabile), angesehen, und scheint demjenigen ähnlich zu seyn, was die Theologen diejenige Sünde nennen, welche weder in dieser noch in jener Welt vergeben werden kann. Die Erklärung dieses Phänomens im menschlichen Gemüthe scheint aus folgenden Reflexionen über sich selbst, die selbst auf die staatsrechtlichen Principien ein Licht werfen, hervorzugehen.

Eine jede Uebertretung des Gesetzes kann, und muß nicht anders, als so erklärt werden, daß sie aus einer Maxime des Verbrechers (sich eine solche Unthat zur Regel zu machen) entspringe; denn, wenn man sie

von

1. Abschn. Das Staatsrecht.

nur vom Souverän selbst durch Reform, aber nicht vom Volk, mithin durch Revolution verrichtet werden, und

von einem sinnlichen Antrieb ableitete, so wäre sie nicht von ihm, als einem freyen Wesen, begangen, und könnte ihm nicht zugerechnet werden; wie es aber dem Subject möglich ist, eine solche Maxime wider das klare Verbot der gesetzgebenden Vernunft zu fassen, läßt sich schlechterdings nicht erklären; denn nur die Begebenheiten nach dem Mechanism der Natur sind erklärungsfähig. Nun kann der Verbrecher seine Unthat entweder nach der Maxime einer angenommenen objectiven Regel (als allgemein geltend), oder nur als Ausnahme von der Regel (sich davon gelegentlich zu dispensiren) begehen; im letzteren Falle weicht er nur (ob zwar vorsetzlich) vom Gesetz ab; er kann seine eigene Uebertretung zugleich verabscheuen, und, ohne dem Gesetz förmlich den Gehorsam aufzukündigen, es nur umgehen wollen; im ersteren aber verwirft er die Autorität des Gesetzes selbst, dessen Gültigkeit er sich doch vor seiner Vernunft nicht abläugnen kann, und macht es sich zur Regel wider dasselbe zu handeln; seine Maxime ist also nicht bloß ermangelungsweise (negative) sondern sogar abbruchsweise (contrarie) oder, wie man sich ausdrückt, diametraliter, als Widerspruch (gleichsam feindselig) dem Gesetz entgegen. So viel wir einsehen, ist ein dergleichen Verbrechen einer förmlichen (ganz nutzlosen) Bosheit zu begehen, Menschen unmöglich, und doch (ob zwar bloße Idee des Aeußerst-bösen) in einem System der Moral nicht zu übergehen.

und, wenn sie geschieht, so kann jene nur die ausübende Gewalt, nicht die gesetzgebende, treffen. — In einer Staatsverfassung, die so beschaffen ist, daß das Volk

> Der Grund des Schauderhaften, bey dem Gedanken von der förmlichen Hinrichtung eines Monarchen durch sein Volk, ist also der, daß der Mord nur als Ausnahme von der Regel, welche dieses sich zur Marime machte, die Hinrichtung aber als eine völlige Umkehrung der Principien des Verhältnisses zwischen Souverain und Volk (dieses, was sein Daseyn nur der Gesetzgebung des ersteren zu verdanken hat, zum Herrscher über jenen zu machen), gedacht werden muß, und so die Gewaltthätigkeit mit dreister Stirn und nach Grundsätzen über das heiligste Recht erhoben wird; welches, wie ein Alles ohne Wiederkehr verschlingender Abgrund, als ein vom Staate an ihm verübter Selbstmord, ein keiner Entsündigung fähiges Verbrechen zu seyn scheint. Man hat also Ursache anzunehmen, daß die Zustimmung zu solchen Hinrichtungen wirklich nicht aus einem vermeintrechtlichen Princip, sondern aus Furcht vor Rache des vielleicht bereinst wieder auflebenden Staats am Volk, herrührte, und jene Förmlichkeit nur vorgenommen worden, um jener That den Anstrich von Bestrafung, mithin eines rechtlichen Verfahrens (dergleichen der Mord nicht seyn würde) zu geben, welche Bemäntelung aber verunglückt, weil eine solche Anmaßung des Volks noch ärger ist, als selbst der Mord, da diese einen Grundsatz enthält, der selbst die Wiedererzeugung eines umgestürzten Staats unmöglich machen müßte.

Volk durch seine Repräsentanten (im Parlament) jener und dem Repräsentanten derselben (dem Minister) gesetzlich widerstehen kann — welche dann eine eingeschränkte Verfassung heißt — ist gleichwohl kein activer Widerstand (der willkührlichen Verbindung des Volks, die Regierung zu einem gewissen thätigen Verfahren zu zwingen, mithin selbst einen Act der ausübenden Gewalt zu begehen) sondern nur ein negativer Widerstand, d. i. Weigerung des Volks (im Parlament), und erlaubt jener, in den Forderungen, die sie zur Staatsverwaltung nöthig zu haben vorgiebt, nicht immer zu willfahren; vielmehr wenn das letztere geschähe, so wäre es ein sicheres Zeichen, daß das Volk verderbt, seine Repräsentanten erkäuflich, und das Oberhaupt in der Regierung durch seinen Minister despotisch, dieser selbst aber ein Verräther des Volks sey.

Uebrigens, wenn eine Revolution einmal gelungen, und eine neue Verfassung gegründet ist, so kann die Unrechtmäßigkeit des Beginnens und der Vollführung derselben, die Unterthanen von der Verbindlichkeit, der neuen Ordnung der Dinge sich, als gute Staatsbürger, zu fügen, nicht befreyen, und sie können sich nicht weigern, derjenigen Obrigkeit ehrlich zu gehorchen, die jetzt Gewalt hat. Der entthronte Monarch (der jene Umwälzung überlebt) kann wegen seiner vorigen Geschäftsführung nicht in Anspruch genommen, noch weniger aber gestraft werden, wenn er in den Stand eines Staatsbürgers zurücktretend, seine und des Staats Ruhe dem Wagstücke vorzieht,

zieht, sich von diesem zu entfernen, um als Prätendent das Abentheuer der Wiedererlangung desselben, es sey durch ingeheim angestiftete Gegenrevolution, oder durch Beystand anderer Mächte, zu bestehen. Wenn er aber das letztere vorzieht, so bleibt ihm, weil der Aufruhr, der ihn aus seinem Besitz vertrieb, ungerecht war, sein Recht an demselben unbenommen. Ob aber andere Mächte das Recht haben, sich, diesem verunglückten Oberhaupt zum Besten, in ein Staatenbündniß zu vereinigen, bloß um jenes, vom Volk begangene Verbrechen, nicht ungeahndet, noch als Scandal für alle Staaten bestehen zu lassen, mithin eine in jedem anderen Staat durch Revolution zu Stande gekommene Verfassung in ihre alte mit Gewalt zurückzubringen berechtigt und berufen seyn, das gehört zum Völkerrecht.

B.

Kann der Beherrscher als Obereigenthümer (des Bodens), oder muß er nur als Oberbefehlshaber in Ansehung des Volks durch Gesetze betrachtet werden? Da der Boden die oberste Bedingung ist, unter der allein es möglich ist, äußere Sachen als das Seine zu haben, deren möglicher Besitz und Gebrauch das erste erwerbliche Recht ausmacht, so wird von dem Souverän, als Landesherrn, besser als Obereigenthümer (dominus territorii) alles solche Recht abgeleitet werden müssen. Das Volk, als die Menge der Unterthanen, gehört ihm auch zu (es ist sein Volk), aber nicht ihm, als Eigenthümer

thümer (nach dem dinglichen), sondern als Oberbefehls=
haber (nach dem persönlichen Recht). — Dieses Oberei=
genthum ist aber nur eine Idee des bürgerlichen Vereins,
um die nothwendige Vereinigung des Privateigenthums
aller im Volk unter einem öffentlichen allgemeinen Besi=
tzer, zu Bestimmung des besonderen Eigenthums, nicht
nach Grundsätzen der Aggregation (die von den Thei=
len zum Ganzen empirisch fortschreitet), sondern dem
nothwendigen formalen Princip der Eintheilung (Divi=
sion des Bodens) nach Rechtsbegriffen vorstellig zu ma=
chen. Nach diesen kann der Obereigenthümer kein Pri=
vateigenthum an irgend einem Boden haben, (denn sonst
machte er sich zu einer Privatperson), sondern dieses
gehört nur dem Volk (und zwar nicht collectiv= sondern
distributiv genommen) zu; wovon doch ein nomadisch=
beherrschtes Volk auszunehmen ist, als in welchem gar
kein Privateigenthum des Bodens statt findet. — Der
Oberbefehlshaber kann also keine Domänen, d. i. Län=
dereyen, zu seiner Privatbenutzung (zu Unterhaltung des
Hofes) haben. Denn, weil es alsdann auf sein eigen
Gutbefinden ankäme, wie weit sie ausgebreitet seyn soll=
ten, so würde der Staat Gefahr laufen, alles Eigenthum
des Bodens in den Händen der Regierung zu sehen, und
alle Unterthanen als Grunduntertthänig (glebae ad-
scripti) und Besitzer von dem, was immer nur Eigen=
thum eines Anderen ist, folglich aller Freyheit beraubt
(servi) anzusehen. — Von einem Landesherrn kann
man sagen: er besitzt nichts (zu eigen), außer sich selbst;
denn, wenn er neben einem anderen im Staat etwas

zu eigen hätte, so würde mit diesem ein Streit möglich seyn, zu dessen Schlichtung kein Richter wäre. Aber man kann auch sagen: er besitzt alles; weil er das Befehlshaberrecht über das Volk hat (jedem das Seine zu Theil kommen zu lassen), dem alle äußere Sachen (diuisim) zugehören.

Hieraus folgt: daß es auch keine Corporation im Staate, keinen Stand und Orden, geben könne, der als Eigenthümer den Boden zur alleinigen Benutzung den folgenden Generationen (ins Unendliche) nach gewissen Statuten überliefern könne. Der Staat kann sie zu aller Zeit aufheben, nur unter der Bedingung, die Ueberlebenden zu entschädigen. Der Ritterorden (als Corporation, oder auch bloß Rang einzelner, vorzüglich beehrter, Personen): der Orden der Geistlichkeit, die Kirche genannt, können nie durch diese Vorrechte, womit sie begünstigt werden, ein auf Nachfolger übertragbares Eigenthum am Boden, sondern nur die einstweilige Benutzung desselben erwerben. Die Comthureyen auf einer, die Kirchengüter auf der anderen Seite, können, wenn die öffentliche Meinung wegen der Mittel, durch die Kriegsehre den Staat wider die Lauigkeit in Vertheidigung desselben zu schützen, oder die Menschen in demselben durch Seelmessen, Gebete und eine Menge zu bestellender Seelsorger, um sie vor dem ewigen Feuer zu bewahren, anzutreiben, aufgehört hat, ohne Bedenken (doch unter der vorgenannten Bedingung) aufgehoben werden. Die, so hier in die Reform fallen, können nicht klagen,

klagen, daß ihnen ihr Eigenthum genommen werde; denn der Grund ihres bisherigen Besitzes lag nur in der Volksmeinung, und mußte auch, so lange diese fortwährte, gelten. So bald diese aber erlosch, und zwar auch nur in dem Urtheil derjenigen, welche auf Leitung desselben durch ihr Verdienst den größten Anspruch haben, so mußte, gleichsam als durch eine Appellation desselben, an den Staat (a rege male informato ad regem melius informandum), das vermeinte Eigenthum aufhören.

Auf diesem ursprünglich erworbenen Grundeigenthume beruht das Recht des Oberbefehlshabers, als Obereigenthümers (des Landesherrn), die Privateigenthümer des Bodens zu beschatzen, d. i. Abgaben durch die Landtaxe, Accise und Zölle, oder Dienstleistung (dergleichen die Stellung der Mannschaft zum Kriegsdienst ist) zu fordern: so doch, daß das Volk sich selber beschatzt, weil dieses die einzige Art ist, hiebey nach Rechtsgesetzen zu verfahren, wenn es durch das Corps der Deputirten desselben geschieht, auch als gezwungene (von dem bisher bestandenen Gesetz abweichende) Anleihe, nach dem Majestätsrechte, als in einem Falle, da der Staat in Gefahr seiner Auflösung kommt, erlaubt ist.

Hierauf beruht auch das Recht der Staatswirthschaft, des Finanzwesens und der Polizey, welche letztere die öffentliche Sicherheit, Gemächlichkeit und Anständigkeit besorgt (denn daß das Gefühl für diese

(sen-

(sensus decori), als negativer Geschmack, durch Betteley, Lärmen auf Straßen, Gestank, öffentliche Wollust (venus volgivaga), als Verletzungen des moralischen Sinnes nicht abgestumpft werde), erleichtert der Regierung gar sehr ihr Geschäfte, das Volk durch Gesetze zu lenken.

Zu Erhaltung des Staats gehört auch noch ein drittes: nämlich das Recht der **Aufsicht** (ius inspectionis), daß ihm nämlich keine Verbindung, die aufs öffentliche Wohl der Gesellschaft (Publicum) Einfluß haben kann, (von Staats= oder Religions=Illuminaten) verheimlicht, sondern, wenn es von der Policey verlangt wird, die Eröffnung ihrer Verfassung nicht geweigert werde. Die aber, der Untersuchung der Privatbehausung eines jeden, ist nur ein Nothfall der Policey, wozu sie durch eine höhere Autorität in jedem besonderen Falle berechtigt werden muß.

C.

Dem Oberbefehlshaber steht **indirect**, d. i. als Uebernehmer der Pflicht des Volks, das Recht zu, dieses mit Abgaben zu seiner (des Volks) eigenen Erhaltung zu belasten, als da sind: das **Armenwesen,** die **Findelhäuser** und das **Kirchenwesen,** sonst milde, oder fromme Stiftungen genannt.

Der allgemeine Volkswille hat sich nämlich zu einer Gesellschaft vereinigt, welche sich immerwährend erhalten

1. Abschn. Das Staatsrecht.

ten soll, und zu dem Ende sich der inneren Staatsgewalt unterworfen, um die Glieder dieser Gesellschaft, die es selbst nicht vermögen, zu erhalten. Von Staatswegen ist also die Regierung berechtigt, die Vermögenden zu nöthigen, die Mittel der Erhaltung derjenigen, die es, selbst den nothwendigsten Naturbedürfnissen nach, nicht sind, herbey zu schaffen; weil ihre Existenz zugleich als Act der Unterwerfung unter den Schutz und die zu ihrem Daseyn nöthige Vorsorge des gemeinen Wesens ist, wozu sie sich verbindlich gemacht haben, auf welche der Staat nun sein Recht gründet, zur Erhaltung ihrer Mitbürger das ihrige beizutragen. Das kann nun geschehen: durch Belastung des Eigenthums der Staatsbürger, oder ihres Handelsverkehrs, oder durch errichtete Fonds und deren Zinsen: nicht zu Staats = (denn der ist reich), sondern zu Volksbedürfnissen, aber nicht bloß durch freywillige Beyträge (weil hier nur vom Rechte des Staats gegen das Volk die Rede ist), worunter einige gewinnsüchtige sind (als Lotterien, die mehr Arme, und dem öffentlichen Eigenthume gefährliche machen, als sonst seyn würden, und die also nicht erlaubt seyn sollten), sondern zwangsmäßig, als Staatslasten. Hier frägt sich nun: ob die Versorgung der Armen durch laufende Beyträge, so daß jedes Zeitalter die Seinigen ernährt, oder durch Bestände und überhaupt fromme Stiftungen (dergleichen Wittwenhäuser, Hospitäler, u. dgl. sind) und zwar jenes nicht durch Betteley, welche mit der Räuberey nahe verwandt ist, sondern durch gesetzliche Auflage ausgerichtet werden soll. — Die erstere Anordnung muß für die einzige,

denn

dem Rechte des Staats angemessene, der sich niemand entziehen kann, der zu leben hat, gehalten werden; weil sie nicht, (wie von frommen Stiftungen zu besorgen ist), wenn sie mit der Zahl der Armen anwachsen, das Armseyn zum Erwerbmittel für faule Menschen machen, und so eine ungerechte Belästigung des Volks durch die Regierung seyn würden.

Was die Erhaltung der aus Noth oder Schaam ausgesetzten, oder wohl gar darum ermordeten Kinder betrifft, so hat der Staat ein Recht, das Volk mit der Pflicht zu belasten, diesen, obzwar unwillkommenen Zuwachs des Staatsvermögens nicht wissentlich umkommen zu lassen. Ob dieses aber durch Besteurung der Hagestolzen beyderley Geschlechts (worunter die vermögende Ledige verstanden werden), als solche, die daran doch zum Theil Schuld sind, vermittelst dazu errichteter Findelhäuser, oder auf andere Art mit Recht geschehen könne (ein Anderes Mittel, es zu verhüten, möchte es aber schwerlich geben), ist eine Aufgabe, deren Lösung, ohne entweder wider das Recht, oder die Moralität zu verstoßen, bisher noch nicht gelungen ist.

Da auch das Kirchenwesen, welches von der Religion, als innerer Gesinnung, die ganz außer dem Wirkungskreise der bürgerlichen Macht ist, sorgfältig unterschieden werden muß, (als Anstalt zum öffentlichen Gottesdienste für das Volk, aus welchem dieser auch seinen Ursprung hat, es sey Meinung oder Ueberzeugung) ein

wahres

wahres Staatsbedürfniß wird, sich auch als Unterthan einer höchsten unsichtbaren Macht, der sie huldigen müssen, und die mit der bürgerlichen oft in einen sehr ungleichen Streit kommen kann, zu betrachten: so hat der Staat das Recht, nicht etwa der inneren Constitutionalgesetzgebung das Kirchenwesen nach seinem Sinne, wie es ihm vortheilhaft dünkt, einzurichten, den Glauben und gottesdienstliche Formen (ritus) dem Volke vorzuschreiben, oder zu befehlen (denn dieses muß gänzlich den Lehrern und Vorstehern, die es sich selbst gewählt hat, überlassen bleiben), sondern nur das negative Recht den Einfluß auf das sichtbare, politische gemeine Wesen, der der öffentlichen Ruhe nachtheilig seyn möchte, abzuhalten, mithin bey dem inneren Streit, oder dem der verschiedenen Kirchen unter einander, die bürgerliche Eintracht nicht in Gefahr kommen zu lassen, welches also ein Recht der Policey ist. Daß eine Kirche einen gewissen Glauben, und welchen sie haben, oder daß sie ihn unabänderlich erhalten müsse, und sich nicht selbst reformiren dürfe, sind Einmischungen der obrigkeitlichen Gewalt, die unter ihrer Würde sind: weil sie sich dabey, als einem Schulgezänke, auf den Fuß der Gleichheit mit ihren Unterthanen einläßt (der Monarch sich zum Priester macht), die ihr geradezu sagen können, daß sie hievon nichts verstehe; vornehmlich was das letztere, nämlich das Verbot innerer Reformen, betrifft; — denn, was das gesammte Volk nicht über sich selbst beschließen kann, das kann auch der Gesetzgeber nicht über das Volk beschließen. Nun kann aber kein Volk beschließen, in seinen, den Glauben be-

tref-

treffenden Einsichten (der Aufklärung) niemals weiter fortzuschreiten, mithin auch sich in Ansehung des Kirchenwesens nie zu reformiren; weil dieß der Menschheit in seiner eigenen Person, mithin dem höchsten Rechte derselben entgegen seyn würde. Also kann es auch keine obrigkeitliche Gewalt über das Volk beschließen. — — Was aber die Kosten der Erhaltung des Kirchenwesens betrift, so können diese, aus eben derselben Ursache, nicht dem Staate, sondern müssen dem Theile des Volks, der sich zu einem oder dem anderen Glauben bekennt, d. i. nur der Gemeine, zu Lasten kommen.

D.

Das Recht des obersten Befehlshabers im Staat geht auch 1) auf Vertheilung der Aemter, d. i. mit einer Besoldung verbundener Geschäftsführung; 2) der Würden, die, als Standeserhöhungen ohne Sold, d. i. Rangertheilung der Oberen (der zum Befehlen) in Ansehung der Niederen (die, ob zwar als freye und nur durchs öffentliche Gesetz verbindliche, doch jenen zu gehorsamen zum Voraus bestimmt sind), bloß auf Ehre fundirt sind — und 3) außer diesem (respectiv-wohlthätigen) Recht, auch aufs Strafrecht.

Was ein bürgerliches Amt anlangt, so kommt hier die Frage vor: hat der Souverän das Recht, einem, dem er ein Amt gegeben, es nach seinem Gutbefinden (ohne ein Verbrechen von Seiten des letzteren) wieder zu nehmen?

men? Ich sage, nein! Denn, was der vereinigte Wille des Volks über seine bürgerliche Beamte nie beschließen wird, das kann auch das Staatsoberhaupt über ihn nicht beschließen. Nun will das Volk (das die Kosten tragen soll, welche die Ansetzung eines Beamten ihm machen wird) ohne allen Zweifel, daß dieser seinem ihm auferlegten Geschäfte völlig gewachsen sey; welches aber nicht anders, als durch eine hinlängliche Zeit hindurch fortgesetzte Vorbereitung und Erlernung desselben, über der er diejenige versäumt, die er zur Erlernung eines Anderen, ihn nährenden, Geschäfts hätte verwenden können, geschehen kann; mithin würde, in der Regel, das Amt mit Leuten versehen werden, die keine dazu erforderliche Schicklichkeit, und durch Uebung erlangte reife U   erworben hätten; welches der Absicht des Staa   ist, als zu welcher auch erforderlich ist, daß je   niedrigeren Amte zu höheren (die sonst lauter untauglichen in die Hände fallen würden) steigen, mithin auch auf lebenswierige Versorgung müsse rechnen können.

Die Würde betreffend, nicht bloß die, welche ein Amt bey sich führen mag, sondern auch die, welche den Besitzer auch ohne besondere Bedienungen zum Gliede eines höheren Standes macht, ist der Adel, der, vom bürgerlichen Stande, in welchem das Volk ist, unterschieden, den männlichen Nachkommen anerbt, durch diese auch wohl den weiblichen unadlicher Geburt, nur so, daß die adlich-gebohrne ihrem unadlichen Ehemanne nicht um-

gekehrt diesen Rang mittheilt, sondern selbst in den bloß
bürgerlichen (des Volks) zurückfällt. — Die Frage ist
nun: ob der Souverän einen Adelstand, als einen erbli‍chen Mittelstand zwischen ihm und den übrigen Staats‍bürgern, zu gründen berechtigt sey. In dieser Frage
kommt es nicht darauf an: ob es der Klugheit des Sou‍veräns, wegen seines oder des Volks Vortheils, sondern
nur, ob es dem Rechte des Volks gemäß sey, einen Stand
von Personen über sich zu haben, die zwar selbst Unter‍thanen, aber doch in Ansehung des Volks gebohrne Be‍fehlshaber (wenigstens privilegirte) sind. — — Die
Beantwortung derselben geht nun hier, eben so wie vor‍her, aus dem Princip hervor: »was das Volk (die
ganze Masse der Unterthanen) nicht über si[ch] [selbst und]
seine Genossen beschließen kann, das kann [der Sou]‍verän nicht über das Volk beschließen.« [ist ein]
angeerbter Adel ein Rang, der vor [dem Verdienste]
vorher geht, und dieses auch mit keinem Grunde hoffen
läßt, ein Gedankending, ohne alle Realität. Denn,
wenn der Vorfahr Verdienst hatte, so konnte er dieses
doch nicht auf seine Nachkommen vererben, sondern diese
mußten es sich immer selbst erwerben; da die Natur es
nicht so fügt, daß das Talent und der Wille, welche
Verdienste um den Staat möglich machen, auch anar‍ten. Weil nun von keinem Menschen angenommen wer‍den kann, er werde seine Freyheit wegwerfen, so ist
es unmöglich, daß der allgemeine Volkswille zu einem
solchen grundlosen Prärogativ zusammenstimme, mithin
kann der Souverän es auch nicht geltend machen. — —

Wenn

1. Abschn. Das Staatsrecht. 223

Wenn indessen gleich eine solche Anomalie in das Maschinenwesen einer Regierung von alten Zeiten (des Lehnswesens, das fast gänzlich auf den Krieg angelegt war) eingeschlichen, von Unterthanen, die mehr als Staatsbürger, nämlich gebohrne Beamte, (wie etwa ein Erbprofessor) seyn wollen, so kann der Staat, diesen von ihm begangenen Fehler eines widerrechtlich ertheilten Vorzugs, nicht anders, als durch Eingehen und Nichtbesetzung der Stellen allmählig wiederum gut machen, und so hat er provisorisch ein Recht, diese Würde dem Titel nach fortdauern zu lassen, bis selbst in der öffentlichen Meinung die Eintheilung in Souverän, Adel und Volk, der einzigen natürlichen in Souverän und Volk Platz gemacht haben wird.

Ohne alle Würde kann nun wohl kein Mensch im Staate seyn, denn er hat wenigstens die des Staatsbürgers; außer, wenn er sich durch sein eigenes Verbrechen darum gebracht hat, da er dann zwar im Leben erhalten, aber zum bloßen Werkzeuge der Willkühr eines Anderen (entweder des Staats, oder eines anderen Staatsbürgers) gemacht wird. Wer nun das letztere ist (was er aber nur durch Urtheil und Recht werden kann), ist ein Leibeigener (servus in sensu stricto) und gehört zum Eigenthum (dominium) eines Anderen, der daher nicht bloß sein Herr (herus), sondern auch sein Eigenthümer (dominus) ist, der ihn als eine Sache veräußern und nach Belieben (nur nicht zu schandbaren Zwecken) brauchen, und über seine Kräf-

te,

te, wenn gleich nicht über sein Leben und Gliedmaßen verfügen (disponiren kann). Durch einen Vertrag kann sich niemand zu einer solchen Abhängigkeit verbinden, dadurch er aufhört, eine Person zu seyn; denn nur als Person kann er einen Vertrag machen. Nun scheint es zwar, ein Mensch könne sich zu gewissen, der Qualität nach erlaubten, dem Grade nach aber un be st im m ten Diensten gegen einen Anderen (für Lohn, Kost, oder Schutz) verpflichten, durch einen Verdingungsvertrag (locatio conductio), und er werde dadurch bloß Unterthan (subiectus), nicht Leibeigener (seruus); allein das ist nur ein falscher Schein. Denn, wenn sein Herr befugt ist, die Kräfte seines Unterthans nach Belieben zu benutzen, so kann er sie auch (wie es mit den Negern auf den Zuckerinseln der Fall ist) erschöpfen, bis zum Tode oder der Verzweiflung, und jener hat sich seinem Herrn wirklich als Eigenthum weggegeben; welches unmöglich ist. — Er kann sich also nur zu, der Qualität und dem Grade nach bestimmten, Arbeiten verdingen: entweder als Tagelöhner, oder ansäßiger Unterthan; im letzteren Fall, daß er theils, für den Gebrauch des Bodens seines Herrn, statt des Tagelohns, Dienste auf demselben Boden, theils für die eigene Benutzung desselben bestimmte Abgaben (einen Zins) nach einem Pachtvertrage leistet, ohne sich dabey zum Gutsunterthan (glebae adscriptus) zu machen, als wodurch er seine Persönlichkeit einbüßen würde, mithin eine Zeit= oder Erbpacht gründen kann. Er mag nun aber durch sein Verbrechen ein p e r s ö n l i c h e r U n t e r t h a n geworden seyn, so kann diese Un=

1. Abschn. Das Staatsrecht.

Unterthänigkeit ihm doch nicht anerben; weil er sie sich nur durch seine eigene Schuld zugezogen hat, und eben so wenig kann der von einem Leibeigenen Erzeugte, wegen der Erziehungskosten, die er gemacht hat, in Anspruch genommen werden, weil Erziehung eine absolute Naturpflicht der Eltern, und, im Falle, daß diese Leibeigene waren, der Herren ist, welche mit dem Besitz ihrer Unterthanen auch die Pflichten derselben übernommen haben.

E.

Vom Straf- und Begnadigungsrecht.

I.

Das Strafrecht ist das Recht des Befehlshabers gegen den Unterwürfigen, ihn wegen seines Verbrechens mit einem Schmerz zu belegen. Der oberste im Staate kann also nicht bestraft werden, sondern man kann sich nur seiner Herrschaft entziehen. — Diejenige Uebertretung des öffentlichen Gesetzes, die den, welcher sie begeht, unfähig macht, Staatsbürger zu seyn, heißt Verbrechen schlechthin (crimen), aber auch ein öffentliches Verbrechen (crimen publicum); daher das erstere (das Privatverbrechen) vor die Civil-, das andere vor die Criminalgerechtigkeit gezogen wird. — Veruntreuung, d. i. Unterschlagung der zum Verkehr anvertrauten Gelder oder Waaren, Betrug im Kauf und Verkauf, bey sehenden Augen des Anderen, sind Privatverbrechen. Dagegen sind: falsch Geld oder falsche Wechsel zu machen, Diebstahl und Raub, u. dgl. öffentliche Verbrechen, weil das gemeine Wesen und nicht bloß eine einzelne Person dadurch gefährdet wird. — Sie könnten in die der niederträchtigen Gemüthsart (indolis abiectae) und die der gewaltthätigen (indolis violentae) eingetheilt werden.

Richterliche Strafe (poena forensis), die von der natürlichen (poena naturalis), dadurch das Laster sich selbst bestraft und auf welche der Gesetzgeber gar nicht Rücksicht nimmt, verschieden, kann niemals bloß als Mittel, ein anderes Gute zu befördern, für den Verbrecher selbst, oder für die bürgerliche Gesellschaft, sondern muß jederzeit nur darum wider ihn verhängt werden, weil er verbrochen hat; denn der Mensch kann nie bloß als Mittel zu den Absichten eines Anderen gehandhabt und unter die Gegenstände des Sachenrechts gemengt werden, wowider ihn seine angebohrne Persönlichkeit schützt, ob er gleich die bürgerliche einzubüßen gar wohl verurtheilt werden kann. Er muß vorher strafbar befunden seyn, ehe noch daran gedacht wird, aus dieser Strafe einigen Nutzen für ihn selbst oder seine Mitbürger zu ziehen. Das Strafgesetz ist ein categorischer Imperativ, und, wehe dem! welcher die Schlangenwindungen der Glückseligkeitslehre durchkriecht, um etwas auszufinden, was durch den Vortheil, den es verspricht, ihn von der Strafe, oder auch nur in einem Grade derselben entbinde, nach dem pharisäischen Wahlspruch: „es ist besser, daß ein Mensch sterbe, als daß das ganze Volk
ver-

verderbe;« denn, wenn die Gerechtigkeit untergeht, so hat es keinen Werth mehr, daß Menschen auf Erden leben. — Was soll man also von dem Vorschlage halten: einem Verbrecher auf den Tod das Leben zu erhalten, wenn er sich dazu verstände, an sich gefährliche Experimente machen zu lassen, und so glücklich wäre, gut durchzukommen; damit die Aerzte dadurch eine neue, dem gemeinen Wesen ersprießliche, Belehrung erhielten? Ein Gerichtshof würde das medicinische Collegium, das diesen Vorschlag thäte, mit Verachtung abweisen; denn die Gerechtigkeit hört auf eine zu seyn, wenn sie sich für irgend einen Preis weggiebt.

Welche Art aber und welcher Grad der Bestrafung ist es, welche die öffentliche Gerechtigkeit sich zum Princip und Richtmaße macht? Kein anderes, als das Princip der Gleichheit (im Stande des Züngleins an der Waage der Gerechtigkeit) sich nicht mehr auf die eine, als auf die andere Seite hinzuneigen. Also: was für unverschuldetes Uebel du einem Anderen im Volke zufügst, das thust du dir selbst an. Beschimpfst du ihn, so beschimpfst du dich selbst; bestiehlst du ihn, so bestiehlst du dich selbst; schlägst du ihn, so schlägst du dich selbst; tödtest du ihn, so tödtest du dich selbst. Nur das Wiedervergeltungsrecht (ius talionis) aber, wohl zu verstehen, vor den Schranken des Gerichts (nicht in deinem Privaturtheile), kann die Qualität und Quantität der Strafe bestimmt angeben; alle andere sind hin und her schwankend, und können, anderer sich einmischenden Rücksichten wegen, keine Angemessenheit mit dem Spruch der reinen und strengen Gerechtigkeit enthalten. — Nun scheint es zwar, daß der Unterschied der Stände das Princip der Wiedervergeltung Gleiches mit Gleichem nicht verstatte; aber, wenn es gleich nicht nach dem Buchstaben möglich seyn kann, so kann es doch der Wirkung nach, respective auf die Empfindungsart der Vornehmeren, immer geltend bleiben. — So hat z. B. Geldstrafe wegen einer Verbalinjurie gar kein Verhältniß zur Beleidigung; denn, der des Geldes viel hat, kann diese sich wohl einmal zur Lust erlauben, aber die Kränkung der Ehrliebe des einen kann doch dem Wehthun des Hochmuths des Anderen sehr gleich kommen: wenn dieser nicht allein öffentlich abzubitten, sondern jenem, ob er zwar niedriger ist, etwa zugleich die Hand zu küssen, durch Urtheil und Recht genöthigt würde. Eben so, wenn der gewaltthätige Vornehme für die Schläge, die er dem Niederen aber schuldlosen Staatsbürger zumißt, außer der Abbitte noch zu einem einsamen und beschwerlichen Arreste verurtheilt würde, weil hiemit, außer der Ungemächlichkeit, noch die Eitelkeit des Thäters schmerzhaft angegriffen, und so durch Beschämung Gleiches mit Gleichem gehörig vergolten würde. — Was heißt das aber: »bestiehlst du ihn, so bestiehlst du dich selbst?« Wer da stiehlt, macht aller Anderer Eigenthum unsicher; er beraubt sich also (nach dem Rechte der Wiedervergeltung) der Sicherheit alles möglichen Eigenthums; er hat nichts und kann auch nichts erwerben, will aber doch leben; welches nun nicht anders möglich ist, als daß ihn Andere ernäh-

ernähren. Weil dieses aber der Staat nicht umsonst thun wird, so muß er diesem seine Kräfte zu ihm beliebigen Arbeiten (Karren= oder Zuchthausarbeit) überlassen, und kommt auf gewisse Zeit, oder, nach Befinden, auch auf immer, in den Sclavenstand. — Hat er aber gemordet, so muß er sterben. Es giebt hier kein Surrogat zur Befriedigung der Gerechtigkeit. Es ist keine Gleichartigkeit zwischen einem noch so kummervollen Leben und dem Tode, also auch keine Gleichheit des Verbrechens und der Wiedervergeltung, als durch den am Thäter gerichtlich vollzogenen, doch von aller Mißhandlung, welche die Menschheit in der leidenden Person zum Scheusal machen könnte, befreyeten Tod. — Selbst, wenn sich die bürgerliche Gesellschaft mit aller Glieder Einstimmung auflösete, (z.B. das eine Insel bewohnende Volk beschlösse, auseinander zu gehen, und sich in alle Welt zu zerstreuen), müßte der letzte im Gefängniß befindliche Mörder vorher hingerichtet werden, damit jedermann das widerfahre, was seine Thaten werth sind, und die Blutschuld nicht auf dem Volke hafte, das auf diese Bestrafung nicht gedrungen hat; weil es als Theilnehmer an dieser öffentlichen Verletzung der Gerechtigkeit betrachtet werden kann.

Diese Gleichheit der Strafen, die allein durch die Erkenntniß des Richters auf den Tod, nach dem strengen Wiedervergeltungsrechte, möglich ist, offenbaret sich daran, daß dadurch allein proportionirlich mit der inneren Bösartigkeit der Verbrecher das Todesurtheil über alle (selbst wenn es nicht einen Mord, sondern ein anderes nur mit dem Tode zu tilgendes Staatsverbrechen beträfe) ausgesprochen wird. — Setzet: daß, wie in der letzten schottrischen Rebellion, da verschiedene Theilnehmer an derselben (wie Balmerino und andere) durch ihre Empörung nicht als eine dem Hause Stuart schuldige Pflicht auszuüben glaubten, andere dagegen Privatabsichten hegten, von dem höchsten Gerichte das Urtheil so gesprochen worden wäre: ein jeder solle die Freyheit der Wahl zwischen dem Tode und der Karrenstrafe haben; so sage ich, der ehrliche Mann wählt den Tod, der Schelm aber die Karre; so bringt es die Natur des menschlichen Gemüths mit sich. Denn der erstere kennt etwas, was er noch höher schätzt, als selbst das Leben: nämlich die Ehre; der andere hält ein mit Schande bedecktes Leben doch immer noch für besser, als gar nicht zu seyn (animam praeferre pudori. Iuuen). Der erstere ist nun ohne Widerrede weniger strafbar als der andere, und so werden sie durch den über alle gleich verhängten Tod ganz proportionirlich bestraft, jener gelinde, nach seiner Empfindungsart, und dieser hart, nach der seinigen; da hingegen, wenn durchgängig auf die Karrenstrafe erkannt würde, der erste zu hart, der andere, für seine Niederträchtigkeit, gar zu gelind bestraft wäre, und so ist auch hier im Ausspruche über eine im Complot vereinigte Zahl von Verbrechern der beste Ausgleicher vor der öffentlichen Gerechtigkeit, der Tod. — Ueberdem hat man nie gehört, daß ein wegen Mordes zum Tode Verurtheilter sich beschwert hätte, daß ihm damit zu viel, und also unrecht

1. Abschn. Das Staatsrecht.

unrecht geschehe, jeder würde ihm ins Gesicht lachen, wenn er sich dessen äußerte. — Man müßte sonst annehmen, daß, wenn dem Verbrecher gleich nach dem Gesetze nicht unrecht geschieht, doch die gesetzgebende Gewalt im Staate diese Art von Strafe zu verhängen nicht befugt, und, wenn sie es thut, mit sich selbst im Widerspruch sey.

So viel also der Mörder sind, die den Mord verübt, oder auch befohlen, oder dazu mitgewirkt haben, so viele müssen auch den Tod leiden; so will es die Gerechtigkeit als Idee der richterlichen Gewalt nach allgemeinen a priori begründeten Gesetzen. — Wenn aber doch die Zahl der Complicen (correi) zu einer solchen That so groß ist, daß der Staat, um keine solche Verbrecher zu haben, bald dahin kommen könnte, keine Unterthanen mehr zu haben, und sich doch nicht auflösen, d. i. in den noch viel ärgeren, aller äußeren Gerechtigkeit entbehrenden Naturzustand übergehen (vornehmlich nicht durch das Spectakel einer Schlachtbank das Gefühl des Volks abstumpfen) will, so muß es auch der Souverän in seiner Macht haben, in diesem Nothfalle (casus necessitatis) selbst den Richter zu machen (vorzustellen) und ein Urtheil zu sprechen, welches, statt der Lebensstrafe, eine andere den Verbrechern zuerkennt, bey der die Volksmenge noch erhalten wird; dergleichen die Deportation ist: Dieses selbst aber nicht als nach einem öffentlichen Gesetze, sondern durch einen Machtspruch, d. i. einen Act des Majestätsrechts, der, als Begnadi-
gung,

gung, nur immer in einzelnen Fällen ausgeübt werden kann.

Hiegegen hat nun der Marchese Beccaria aus theilnehmender Empfindelen einer affectirten Humanität (compassibilitas), seine Behauptung der Unrechtmäßigkeit aller Todesstrafe aufgestellt; weil sie im ursprünglichen bürgerlichen Vertrage nicht enthalten seyn könnte; denn, da hätte jeder im Volk einwilligen müssen, sein Leben zu verlieren, wenn er etwa einen Anderen (im Volk) ermordete; diese Einwilligung aber sey unmöglich, weil Niemand über sein Leben disponiren könne. Alles Sophisterey und Rechtsverdrehung.

Strafe erleidet jemand nicht, weil er sie, sondern weil er eine strafbare Handlung gewollt hat; denn es ist keine Strafe, wenn einem geschieht, was er will, und es ist unmöglich, gestraft werden zu wollen. — Sagen: ich will gestraft werden, wenn ich jemand ermorde, heißt nichts mehr, als: ich unterwerfe mich sammt allen übrigen den Gesetzen, welche natürlicherweise, wenn es Verbrecher im Volke giebt, auch Strafgesetze seyn werden. Ich, als Mitgesetzgeber, der das Strafgesetz dictirt, kann unmöglich dieselbe Person seyn, die, als Unterthan, nach dem Gesetz bestraft wird; denn als ein solcher, nämlich als Verbrecher, kann ich unmöglich eine Stimme in der Gesetzgebung haben (der Gesetzgeber ist heilig). Wenn ich also ein Strafgesetz gegen mich, als einen Verbrecher, abfasse, so ist es in mir die reine rechtlich-gesetzgebende

1. Abschn. Das Staatsrecht.

gebende Vernunft (homo noumenon), die mich als einen des Verbrechens fähigen, folglich als eine andere Person (homo phaenomenon), sammt allen übrigen in einem Bürgerverein dem Strafgesetze unterwirft. Mit andern Worten: nicht das Volk (jeder einzelne in demselben), sondern das Gericht (die öffentliche Gerechtigkeit), mithin ein anderer als der Verbrecher, dictirt die Todesstrafe, und im Socialcontract ist gar nicht das Versprechen enthalten, sich strafen zu lassen, und so über sich selbst und sein Leben zu disponiren. Denn, wenn der Befugniß zu strafen ein Versprechen des Missethäters zum Grunde liegen müßte, sich strafen lassen zu wollen, so müßte es diesem auch überlassen werden, sich straffällig zu finden, und der Verbrecher würde sein eigener Richter seyn. — Der Hauptpunkt des Irrthums (πρωτον ψευδος) dieses Sophisms besteht darin: daß das eigene Urtheil des Verbrechers (das man seiner Vernunft nothwendig zutrauen muß), des Lebens verlustig werden zu müssen, für einen Beschluß des Willens ansieht, es sich selbst zu nehmen, und so sich die Rechtsvollziehung mit der Rechtsbeurtheilung in einer und derselben Person vereinigt vorstellt.

Es giebt indessen zwey todeswürdige Verbrechen, in Ansehung deren, ob die Gesetzgebung auch die Befugniß habe, sie mit der Todesstrafe zu belegen, noch zweifelhaft bleibt. Zu beyden verleitet das Ehrgefühl. Das eine ist das der Geschlechtsehre, das andere, der Kriegsehre, und zwar der wahren Ehre, welche jeder dieser zwey Menschenclassen als Pflicht obliegt. Das eine Verbrechen ist der mütterliche Kindesmord (infanticidium maternale); das andere, der Kriegsgesellenmord (commilitonicidium), der Duell. — Da die Gesetzgebung die Schmach einer unehelichen Geburt nicht wegnehmen, und eben so wenig den Fleck, welcher aus dem Verdacht der Feigheit, der auf einen untergeordneten Kriegsbefehlshaber fällt, welcher einer verächtlichen Begegnung nicht eine über die Todesfurcht erhobene eigene Gewalt entgegensetzt, wegwischen kann: so scheint es, daß Menschen in diesen Fällen sich im Naturzustande befinden und Tödtung (homicidium), die alsdann nicht einmal Mord (homicidium dolosum) heißen müßte, in beyden zwar allerdings strafbar sey, von der obersten Macht aber mit dem Tode nicht könne bestraft werden. Das uneheliche auf die Welt gekommene Kind ist außer dem Gesetz (denn das heißt Ehe), mithin auch außer dem Schutze desselben gebohren. Es ist in das gemeine Wesen gleichsam eingeschlichen (wie verbotene Waare), so daß dieses seine Existenz (weil es billig auf diese Art nicht hätte existiren sollen), mithin auch seine Vernichtung ignoriren kann, und die Schande der Mutter, wenn ihre uneheliche Niederkunft bekannt wird, kann keine Verordnung haben. — Der zum Unter-Befehlshaber eingesetzte Kriegesmann, dem ein Schimpf angethan wird, sieht sich eben so wohl durch die öffentliche Meinung der Mitgenossen seines Standes genöthigt, sich Genugthuung, und, wie im Naturzustande, Bestrafung des Beleidigers, nicht durchs Gesetz, vor einem

einem Gerichtshofe, sondern durch den Duell, darin er sich selbst der Lebensgefahr aussetzt, zu verschaffen, um seinen Kriegsmuth zu beweisen, als worauf die Ehre seines Standes wesentlich beruht, sollte es auch mit der Tödtung seines Gegners verbunden seyn, die in diesem Kampfe, der öffentlich und mit beyderseitiger Einwilligung, doch auch ungern, geschieht, eigentlich nicht Mord (homicidium dolosum) genannt werden kann. — — Was ist nun in beyden (zur Criminalgerechtigkeit gehörigen) Fällen Rechtens? — Hier kommt die Strafgerechtigkeit gar sehr ins Gedränge: entweder den Ehrbegrif (der hier kein Wahn ist) durchs Gesetz für nichtig zu erklären, und so mit dem Tode zu bestrafen, oder von dem Verbrechen die angemessene Todesstrafe wegzunehmen, und so entweder grausam oder nachsichtig zu seyn. Die Auflösung dieses Knotens ist: daß der categorische Imperativ der Strafgerechtigkeit (die gesetzwidrige Tödtung eines Anderen müsse mit dem Tode bestraft werden) bleibt, die Gesetzgebung selber aber (mithin auch die bürgerliche Verfassung), so lange noch als barbarisch und unausgebildet, daran Schuld ist, daß die Triebfedern der Ehre im Volke (subjectiv) nicht mit den Maßregeln zusammen treffen wollen, die (objectiv) ihrer Absicht gemäß sind, so daß die öffentliche, vom Staat ausgebende Gerechtigkeit, in Ansehung der aus dem Volk, eine Ungerechtigkeit wird.

II.

Das Begnadigungsrecht (ius aggratiandi) für den Verbrecher, entweder der Milderung oder gänzlichen Erlassung der Strafe, ist wohl unter allen Rechten des Souveräns das schlüpfrigste, um den Glanz seiner Hoheit zu beweisen, und dadurch doch im hohen Grade unrecht zu thun. — In Ansehung der Verbrechen der Unterthanen gegen einander steht es schlechterdings ihm nicht zu, es auszuüben; denn hier ist Straflosigkeit (impunitas criminis) das größte Unrecht gegen die letztern. Also nur bey einer Läsion, die ihm selbst widerfährt (crimen laesae majestatis), kann er davon Gebrauch machen. Aber auch da nicht einmal, wenn durch Ungestraftheit dem Volke selbst in Ansehung seiner Sicherheit Gefahr erwachsen könnte. — Dieses Recht ist das einzige, was den Nahmen des Majestätsrechts verdient.

Von dem rechtlichen Verhältnisse des Bürgers zum Vaterlande und zum Auslande.

§. 50.

Das Land (territorium), dessen Einsassen schon durch die Constitution, d. i. ohne einen besonderen rechtlichen Act ausüben zu dürfen (mithin durch die Geburt), Mitbürger eines und desselben gemeinen Wesens sind, heißt das Vaterland; das, worin sie es ohne diese Bedingung nicht sind, das Ausland, und dieses, wenn
es

es einen Theil der Landesherrschaft überhaupt ausmacht, heißt die Provinz (in der Bedeutung, wie die Römer dieses Wort brauchten), welche, weil sie doch keinen coalisirten Theil des Reichs (imperii) als Sitz von Mitbürgern, sondern nur eine Besitzung desselben, als eines Unterhauses ausmacht, den Boden des herrschenden Staats als Mutterland (regio domina) verehren muß.

1) Der Unterthan (auch als Bürger betrachtet) hat das Recht der Auswanderung; denn der Staat könnte ihn nicht als sein Eigenthum zurückhalten. Doch kann er nur seine fahrende, nicht die liegende Haabe mit herausnehmen, welches alsdann doch geschehen würde, wenn er seinen bisher besessenen Boden zu verkaufen, und das Geld dafür mit sich zu nehmen, befugt wäre.

2) Der Landesherr hat das Recht der Begünstigung der Einwanderung und Ansiedelung Fremder (Colonisten), obgleich seine Landeskinder dazu scheel sehen möchten; wenn ihnen nur nicht das Privateigenthum derselben am Boden gekürzt wird.

3) Ebenderselbe hat auch, im Falle eines Verbrechens des Unterthans, welches alle Gemeinschaft der Mitbürger mit ihm für den Staat verderblich macht, das Recht der Verbannung in eine Provinz im Auslande, wo er keiner Rechte eines Bürgers theilhaftig wird, d. i. zur Deportation.

4.

4) Auch das der Landesverweisung überhaupt (ius exilii), ihn in die weite Welt, d.i. ins Ausland überhaupt (in der altdeutschen Sprache Elend genannt) zu schicken; welches, weil der Landesherr ihn nun allen Schutz entzieht, so viel bedeutet, als ihn innerhalb seinen Grenzen vogelfrey zu machen.

§. 51.

Die drey Gewalten im Staate, die aus dem Begrif eines gemeinen Wesens überhaupt (res publica latius dicta) hervorgehen, sind nur so viel Verhältnisse des vereinigten, a priori aus der Vernunft abstammenden, Volkswillens und eine reine Idee von einem Staatoberhaupte, welche objective practische Realität hat. Dieses Oberhaupt (der Souverän) aber ist so fern nur ein (das gesammte Volk vorstellendes) Gedankending, als es noch an einer physischen Person mangelt, welche die höchste Staatsgewalt vorstellt, und dieser Idee Wirksamkeit auf den Volkswillen verschafft. Das Verhältniß der ersteren zum letzteren ist nun auf dreyerley verschiedene Art denkbar: entweder daß Einer im Staate über alle, oder daß Einige, die einander gleich sind, vereinigt, über alle andere, oder daß Alle zusammen über einen jeden, mithin auch über sich selbst gebieten, d. i. die Staatsform ist entweder autocratisch, oder aristocratisch, oder democratisch. (Der Ausdruck monarchisch, statt autocratisch, ist nicht dem Begriffe, den man hier will, angemessen; denn der Monarch, welcher die höchste,

Auto=

1. Abschn. Das Staatsrecht.

Autocrator aber, oder Selbstherrscher, der, welcher alle Gewalt hat; dieser ist der Souverän, jener repräsentirt ihn bloß). — Man wird leicht gewahr, daß die autocratische Staatsform die einfachste sey, nämlich von einem (dem Könige), zum Volke, mithin wo nur Einer der Gesetzgeber ist. Die aristocratische ist schon aus zwey Verhältnissen zusammengesetzt: nämlich dem der Vornehmen (als Gesetzgeber) zu einander, um den Souverän zu machen, und dann das dieses Souveräns zum Volke; die democratische aber die allerzusammengesetzteste, nämlich den Willen Aller zuerst zu vereinigen, um daraus ein Volk, dann den der Staatsbürger um ein gemeines Wesen zu bilden, und dann diesem gemeinen Wesen den Souverän, der dieser vereinigte Wille selbst ist, vorzusetzen. *) Was die Handhabung des Rechts im Staate betrifft, so ist freylich die einfachste auch zugleich die beste; aber, was das Recht selbst anlangt, die gefährlichste fürs Volk, in Betracht des Despotismus, zu dem sie so sehr einladet. Das Simplificiren ist zwar im Maschinenwerk der Vereinigung des Volks durch Zwangsgesetze die vernünftige Maxime: wenn nämlich alle im Volke passiv sind, und Einem, der über sie ist, gehorchen; aber das giebt keine Unterthanen als Staatsbürger. Was die

Ver-

---

*) Von der Verfälschung dieser Formen durch sich eindringende unbefugte Machthaber (der Oligarchie und Ochlokratie), imgleichen den sogenannten gemischten Staatsverfassungen erwähne ich hier nichts, weil es zu weit führen würde.

Vertröstung, womit sich das Volk befriedigen soll, betrift: daß nämlich die Monarchie (eigentlich hier Autocratie) die beste Staatsverfassung sey, wenn der Monarch gut ist (d.i. nicht bloß den Willen, sondern auch die Einsicht dazu hat); gehört zu den tautologischen Weisheitssprüchen, und sagt nichts mehr: als die beste Verfassung ist die, durch welche der Staatsverwalter zum besten Regenten gemacht wird, d. i. diejenige, welche die beste ist.

§. 52.

Der Geschichtsurkunde dieses Mechanismus nachzuspüren, ist vergeblich, d. i. man kann zum Zeitpunkt des Anfangs der bürgerlichen Gesellschaft nicht heranlangen (denn die Wilden errichten kein Instrument ihrer Unterwerfung unter das Gesetz, und es ist auch schon aus der Natur roher Menschen abzunehmen, daß sie es mit der Gewalt angefangen haben werden). Diese Nachforschung aber in der Absicht anzustellen, um allenfalls die jetzt bestehende Verfassung mit Gewalt abzuändern, ist sträflich. Denn diese Umänderung müßte durchs Volk, welches sich dazu rottirte, also nicht durch die Gesetzgebung geschehen; Meuterey aber, in einer schon bestehenden Verfassung, ist ein Umsturz aller bürgerlich-rechtlichen Verhältnisse, mithin alles Rechts, d. i. nicht Veränderung der bürgerlichen Verfassung, sondern Auflösung derselben, und dann der Uebergang in die bessere, nicht Metamorphose, sondern Palingnesie, welche einen neuen

1. Abschn. Das Staatsrecht.

neuen gesellschaftlichen Vertrag erfordert, auf den der vorige (nun aufgehobene) keinen Einfluß hat. — Es muß aber dem Souverän doch möglich seyn, die bestehende Staatsverfassung zu ändern, wenn sie mit der Idee des ursprünglichen Vertrags nicht wohl vereinbar ist, und hiebey doch diejenige Form bestehen zu lassen, die dazu, daß das Volk einen Staat ausmache, wesentlich gehöret. Diese Veränderung kann nun nicht darin bestehen, daß der Staat sich von einer dieser drey Formen zu einer der beyden anderen selbst constituirt, z. B. daß die Aristocraten einig werden, sich einer Autocratie zu unterwerfen, oder in eine Democratie verschmelzen zu wollen, und so umgekehrt; gleich als ob es auf der freyen Wahl und dem Belieben des Souveräns beruhe, welcher Verfassung er das Volk unterwerfen wolle. Denn selbst dann, wenn er sich zu einer Democratie umzuändern beschlösse, würde er doch dem Volk unrecht thun können, weil es selbst diese Verfassung verabscheuen könnte, und eine der zwey übrigen für sich zuträglicher fände.

Die Staatsformen sind nur der Buchstabe (littera) der ursprünglichen Gesetzgebung im bürgerlichen Zustande, und sie mögen also bleiben, so lange sie, als zum Maschinenwesen der Staatsverfassung gehörend, durch alte und lange Gewohnheit (also nur subjectiv) für nothwendig gehalten werden. Aber der Geist jenes ursprünglichen Vertrages (anima pacti originarii) enthält die Verbindlichkeit der constituirenden Gewalt, die Regierungsart jener Idee angemessen zu machen, und so sie,

Q wenn

wenn es nicht auf einmal geschehen kann, allmählig und continuirlich dahin zu verändern, daß sie mit der einzig rechtmäßigen Verfassung, nämlich der einer reinen Republik, ihrer Wirkung nach zusammenstimme, und jene alte empirische (statutarische) Formen, welche bloß die Unterthänigkeit des Volks zu bewirken dienten, sich in die ursprüngliche (rationale) auflösen, welche allein die Freyheit zum Princip, ja zur Bedingung alles Zwanges macht, der zu einer rechtlichen Verfassung, im eigentlichen Sinne des Staats, erforderlich ist, und dahin auch dem Buchstaben nach endlich führen wird. — Dieß ist die einzige bleibende Staatsverfassung, wo das Gesetz selbstherrschend ist, und an keiner besonderen Person hängt; der letzte Zweck alles öffentlichen Rechts, der Zustand, in welchem allein jedem das Seine *peremtorisch* zugetheilt werden kann; indessen, daß, so lange jene Staatsformen dem Buchstaben nach eben so viel verschiedene, mit der obersten Gewalt bekleidete, moralische Personen vorstellen sollen, nur ein *provisorisches* inneres Recht, und kein absolut=rechtlicher Zustand, der bürgerlichen Gesellschaft zugestanden werden kann.

Alle wahre Republik aber ist und kann nichts anders seyn, als ein repräsentatives System des Volks, um in Namen desselben, durch alle Staatsbürger vereinigt, vermittelst ihrer Abgeordneten (Deputirten) ihre Rechte zu besorgen. Sobald aber ein Staatsoberhaupt, der Person nach (es mag seyn König, Adelstand, oder

die

die ganze Volkszahl, der democratische Verein) sich auch repräsentiren läßt, so repräsentirt das vereinigte Volk nicht bloß den Souverän, sondern es ist dieser selbst; denn in ihm (dem Volke) befindet sich ursprünglich die oberste Gewalt, von der alle Rechte der Einzelnen, als bloßer Unterthanen, (allenfals als Staatsbeamten) abgeleitet werden müssen, und die nunmehr errichtete Republik hat nicht mehr nöthig, die Zügel der Regierung aus den Händen zu lassen, und sie denen wieder zu übergeben, die sie vorher geführt hatten, und die nun alle neue Anordnungen durch absolute Willkühr wieder vernichten könnten.

Es war also ein großer Fehltritt der Urtheilskraft eines mächtigen Beherrschers zu unserer Zeit, sich aus der Verlegenheit wegen großer Staatsschulden dadurch helfen zu wollen, daß er es dem Volk übertrug, diese Last nach dessen eigenem Gutbefinden selbst zu übernehmen und zu vertheilen; da es denn natürlicherweise nicht allein die gesetzgebende Gewalt in Ansehung der Besteurung der Unterthanen, sondern auch in Ansehung der Regierung in die Hände bekam; nämlich zu verhindern, daß diese nicht durch Verschwendung oder Krieg neue Schulden machte, mithin die Herrschergewalt des Monarchen gänzlich verschwand (nicht bloß suspendirt wurde), und aufs Volk übergieng, dessen gesetzgebenden Willen nun das Mein und Dein jedes Unterthans unterworfen wurde. Man kann auch nicht sagen: daß dabei ein stillschweigendes, aber doch vertragsmäßiges Versprechen der Nationalversammlung, sich nicht eben zur Souveränität zu constituiren, sondern nur dieser ihr Geschäfte zu administriren, nach verrichtetem Geschäfte aber die Zügel des Regiments dem Monarchen wiederum in seine Hände zu überliefern, angenommen werden müsse; denn ein solcher Vertrag ist an sich selbst null und nichtig. Das Recht der obersten Gesetzgebung im gemeinen Wesen ist kein veräußerliches, sondern das allerpersönlichste Recht. Wer es hat, kann nur durch den Gesammtwillen des Volks über das Volk, aber nicht über den Gesammtwillen selbst, der der Urgrund aller öffentlichen Verträge ist, disponiren. Ein Vertrag, der das Volk verpflichtete, seine Gewalt wiederum zurückzugeben, würde demselben nicht als gesetzgebender Macht zustehen, und doch das Volk verbinden, welches nach dem Satze: Niemand kann zweyen Herren dienen, ein Widerspruch ist.

Des öffentlichen Rechts
Zweyter Abschnitt.

Das Völkerrecht.

§. 43.

Die Menschen, welche ein Volk ausmachen, können, als Landeseingebohrne, nach der Analogie der Erzeugung, von einem gemeinschaftlichen Elternstamm (congeniti) vorgestellt werden, ob sie es gleich nicht sind: dennoch aber, in intellectueller und rechtlicher Bedeutung, als von einer gemeinschaftlichen Mutter (der Republik) gebohren, gleichsam eine Familie (gens, natio) ausmachen, deren Glieder, (Staatsbürger) alle ebenbürtig sind, und mit denen, die neben ihnen im Naturzustande leben möchten, als unedlen keine Vermischung eingehen, obgleich diese (die Wilden) ihrerseits sich wiederum wegen der gesetzlosen Freyheit, die sie gewählt haben, sich vornehmer dünken, die gleichfalls Völkerschaften, aber nicht

Staaten, ausmachen. Das Recht der Staaten in Verhältniß zu einander [welches nicht ganz richtig im Deutschen das Völkerrecht genannt wird, sondern vielmehr das Staatenrecht (ius publicum ciuitatum) heißen sollte] ist nun dasjenige, was wir unter dem Namen des Völkerrechts zu betrachten haben: wo ein Staat, als eine moralische Person, gegen einen anderen im Zustande der natürlichen Freyheit, folglich auch dem des beständigen Krieges betrachtet, theils zum Kriege, theils das im Kriege, theils das, einander zu nöthigen, aus diesem Kriegszustande herauszugehen, mithin eine den beharrlichen Frieden gründende Verfassung, d. i. das Recht nach dem Kriege zur Aufgabe macht, und führt nur das Unterscheidende von dem des Naturzustandes einzelner Menschen oder Familien (in Verhältniß gegen einander) von dem der Völker bey sich, daß im Völkerrecht nicht bloß ein Verhältniß eines Staats gegen den anderen im Ganzen, sondern auch einzelner Personen des Einen gegen einzelne des anderen, imgleichen gegen den ganzen anderen Staat selbst in Betrachtung kommt; welcher Unterschied aber vom Recht Einzelner im bloßen Naturzustande nur solcher Bestimmungen bedarf, die sich aus dem Begriffe des letzteren leicht folgern lassen.

§. 54.

Die Elemente des Völkerrechts sind: 1) daß Staaten, im äußeren Verhältnisse gegen einander betrachtet, (wie gesetzlose Wilde) von Natur in einem nicht-rechtlichen Zustande sind; 2) daß dieser Zustand ein Zustand des

des Krieges (des Rechts des Stärkeren), wenn gleich nicht wirklicher Krieg und immerwährende wirkliche Befehdung (Hostilität) ist, welche (indem sie es beyde nicht besser haben wollen), obzwar dadurch keinem von dem Anderen unrecht geschieht, doch an sich selbst im höchsten Grade unrecht ist, und aus welchem die Staaten, welche einander benachbart sind, auszugehen verbunden sind; 3) daß ein Völkerbund, nach der Idee eines ursprünglichen gesellschaftlichen Vertrages, nothwendig ist, sich zwar einander nicht in die einheimischen Mißhelligkeiten derselben zu mischen, aber doch gegen Angriffe der äußeren zu schützen; 4) daß die Verbindung doch keine souveräne Gewalt (wie in einer bürgerlichen Verfassung), sondern nur eine Genossenschaft (Föderalität) enthalten müsse; eine Verbindung, die zu aller Zeit aufgekündigt werden kann, mithin von Zeit zu Zeit erneuert werden muß, — ein Recht, in subsidium eines anderen und ursprünglichen Rechts, den Verfall in den Zustand des wirklichen Krieges derselben untereinander von sich abzuwehren (foedus Amphyctionum).

§. 55.

Bey jenem ursprünglichen Rechte zum Kriege freyer Staaten gegen einander im Naturzustande (um etwa einen dem rechtlichen sich annähernden Zustand zu stiften) erhebt sich zuerst die Frage, welches Recht hat der Staat gegen seine eigene Unterthanen sie zum Kriege gegen andere Staaten zu brauchen, ihre Güter, ja ihr Leben

Leben dabey aufzuwenden, oder aufs Spiel zu setzen: so, daß es nicht von dieser ihrem eigenen Urtheil abhängt, ob sie in den Krieg ziehen wollen oder nicht, sondern der Oberbefehl des Souveräns sie hineinschicken darf?

Dieses Recht scheint sich leicht darthun zu lassen; nämlich aus dem Rechte mit dem Seinen (Eigenthum) zu thun, was man will. Was jemand aber der Substanz nach selbst gemacht hat, davon hat er ein unbestrittenes Eigenthum. — Hier ist also die Deduction, so wie sie ein bloßer Jurist abfassen würde.

Es giebt mancherley Naturproducte in einem Lande, die doch, was die Menge derselben von einer gewissen Art betrift, zugleich als Gemächsel (artefacta) des Staats angesehen werden müssen, weil das Land sie in solcher Menge nicht liefern würde, wenn es nicht einen Staat und eine ordentliche machthabende Regierung gäbe, sondern die Bewohner im Stande der Natur wären. — Haushühner (die nützlichste Art des Geflügels) Schaafe, Schweine, das Rindergeschlecht u. a. m. würden, entweder aus Mangel an Futter, oder der Raubthiere wegen, in dem Lande, wo ich lebe, entweder gar nicht, oder höchst sparsam anzutreffen seyn, wenn es darin nicht eine Regierung gäbe, welche den Einwohnern ihren Erwerb und Besitz sicherte. — Eben das gilt auch von der Menschenzahl, die, eben so wie in den Americanischen Wüsten, ja selbst dann, wenn man diesen den größten Fleiß (den jene nicht haben) beylegte, nur gering seyn kann.

kann. Die Einwohner würden nur sehr dünn gesäet seyn, weil keiner derselben sich, mit sammt seinem Gesinde, auf einem Boden weit verbreiten könnte, der immer in Gefahr ist, von Menschen oder Wilden und Raubthieren verwüstet zu werden; mithin sich für eine so große Menge von Menschen, als jetzt auf einem Lande leben, kein hinlänglicher Unterhalt finden würde. — — So wie man nun von Gewächsen (z. B. den Cartoffeln) und von Hausthieren, weil sie, was die Menge betrift, ein Machwerk der Menschen sind, sagen kann, daß man sie gebrauchen, verbrauchen und verzehren (tödten lassen) kann: so, scheint es, könne man auch von der obersten Gewalt im Staate, dem Souverän, sagen, er habe das Recht, seine Unterthanen, die dem größten Theil nach sein eigenes Product sind, in den Krieg, wie auf eine Jagd, und zu einer Feldschlacht, wie auf eine Lustpartie zu führen.

Dieser Rechtsgrund aber (der vermuthlich den Monarchen auch dunkel vorschweben mag) gilt zwar freylich in Ansehung der Thiere, die ein Eigenthum des Menschen seyn können; will sich aber doch schlechterdings nicht auf den Menschen, vornehmlich als Staatsbürger, anwenden lassen, der im Staate immer als mitgesetzgebendes Glied betrachtet werden muß (nicht bloß als Mittel, sondern auch zugleich als Zweck an sich selbst), und der also zum Kriegführen nicht allein überhaupt, sondern auch zu jeder besondern Kriegserklärung, vermittelst seiner Repräsentanten, seine freye Beystimmung geben muß, unter wel=

welcher einschränkenden Bedingung allein der Staat über seinen gefahrvollen Dienst disponiren kann.

Wir werden also wohl dieses Recht von der Pflicht des Souveräns gegen das Volk (nicht umgekehrt) abzuleiten haben; wobey dieses dafür angesehen werden muß, daß es seine Stimme dazu gegeben habe, in welcher Qualität es, obzwar passiv (mit sich machen läßt), doch auch selbstthätig ist, und den Souverän selbst vorstellt.

§. 56.

Im natürlichen Zustande der Staaten ist das Recht zum Kriege (zu Hostilitäten) die erlaubte Art, wodurch ein Staat sein Recht verfolgt, nämlich, wenn er sich von diesem lädirt glaubt, durch eigene Gewalt; weil es durch einen Proceß (als durch den allein die Zwistigkeiten ausgeglichen werden) in jenem Zustande nicht geschehen kann. — Außer der thätigen Verletzung (der ersten Aggression, welche von der ersten Hostilität unterschieden ist), ist es die Bedrohung. Hiezu gehört entweder eine zuerst vorgenommene Zurüstung, worauf sich das Recht des Zuvorkommens (ius praeuentionis) gründet, oder auch bloß die fürchterlich (durch Ländererwerbung) anwachsende Macht (potentia tremenda) eines anderen Staats. Diese ist eine Läsion des Mindermächtigen, bloß durch den Zustand vor aller That des Uebermächtigen, und im Naturzustande ist dieser Angriff allerdings rechtmäßig. Hierauf gründet sich also

also das Recht des Gleichgewichts aller einander thätig berührenden Staaten.

Was die thätige Verletzung betrift, die ein Recht zum Kriege giebt, so gehört dazu die selbstgenommene Genugthuung für die Beleidigung des einen Volks durch das Volk des anderen Staats, die Wiedervergeltung (retorsio), ohne eine Erstattung (durch friedliche Wege) bey dem anderen Staate zu suchen, womit, der Förmlichkeit nach, der Ausbruch des Krieges, ohne vorhergehende Aufkündigung des Friedens (Kriegsankündigung), eine Aehnlichkeit hat; weil, wenn man einmal ein Recht im Kriegszustande finden will, etwas Analogisches mit einem Vertrag angenommen werden muß, nämlich Annahme der Erklärung des anderen Theils, daß beyde ihr Recht auf diese Art suchen wollen.

§. 57.

Das Recht im Kriege ist gerade das im Völkerrecht, wobey die meiste Schwierigkeit ist, um sich auch nur einen Begriff davon zu machen, und ein Gesetz in diesem gesetzlosen Zustande zu denken (inter arma silent leges), ohne sich selbst zu widersprechen; es müßte denn dasjenige seyn: den Krieg nach solchen Grundsätzen zu führen, nach welchen es immer noch möglich bleibt, aus jenem Naturzustande der Staaten (im äußeren Verhältnisse gegen einander) herauszugehen, und in einen rechtlichen zu treten.

Kein Krieg unabhängiger Staaten gegen einander kann ein **Strafkrieg** (bellum punitiuum) seyn. Denn Strafe findet nur im Verhältnisse eines Obern (imperantis) gegen den Unterworfenen (subditum) statt, welches Verhältniß nicht das der Staaten gegen einander ist: — Aber auch weder ein **Ausrottungs**- (bellum internecinum) noch **Unterjochungskrieg** (bellum subjugatorium), der eine moralische Vertilgung eines Staats (dessen Volk nun mit dem des Ueberwinders entweder in eine Masse verschmelzt, oder in Knechtschaft verfällt) seyn würde. Nicht als ob dieses Nothmittel des Staats zum Friedenszustande zu gelangen, an sich dem Rechte eines Staats widerspräche, sondern weil die Idee des Völkerrechts bloß den Begrif eines Antagonismus nach Principien der äußeren Freyheit bey sich führt, um sich bey dem Seinen zu erhalten, aber nicht eine Art zu erwerben, als welche, durch Vergrößerung der Macht des einen Staats, für den anderen bedrohend seyn kann.

Vertheidigungsmittel aller Art sind dem bekriegten Staat erlaubt, nur nicht solche, deren Gebrauch die Unterthanen desselben, Staatsbürger zu seyn, unfähig machen würde; denn alsdann machte er sich selbst zugleich unfähig, im Staatenverhältnisse nach dem Völkerrechte für eine Person zu gelten (die gleicher Rechte mit andern theilhaftig wäre). Darunter gehört: seine eigne Unterthanen zu Spionen, diese, ja auch Auswärtige zu Meuchelmördern, Giftmischern (in welche Classe auch wohl die so genannten Scharfschützen, welche Einzelen im Hinterhalte auflauern, gehören möchten), oder auch nur zur Verbreitung falscher Nachrichten, zu gebrauchen; mit einem Worte, sich solcher heimtückischen Mittel zu bedienen, die das Vertrauen, welches zur künftigen Gründung eines dauerhaften Friedens erforderlich ist, vernichten würden.

Im Kriege ist es erlaubt, dem überwältigten Feinde Lieferungen und Contributionen aufzulegen, aber nicht das Volk zu plündern, d. i. einzelnen Personen das Ihrige abzuzwingen (denn das wäre Raub; weil nicht das überwundene Volk, sondern der Staat, unter dessen Herrschaft es war, durch dasselbe Krieg führete): sondern durch Ausschreibungen gegen ausgestellte Scheine: um bey nachfolgenden Frieden die dem Lande oder der Provinz aufgelegte Last proportionirlich zu vertheilen.

§. 58.

Das Recht nach dem Kriege, d. i. im Zeitpunkte des Friedensvertrags und in Hinsicht auf die Folgen desselben, besteht darin: der Sieger macht die Bedingungen, über die mit dem Besiegten übereinzukommen und zum Friedensschluß zu gelangen, Tractaten gepflogen werden, und zwar nicht gemäß irgend einem vorzuschützenden Recht, was ihm wegen der vorgeblichen Läsion seines Gegners zustehe, sondern, indem er diese Frage auf sich beruhen läßt, sich stützend auf seine Gewalt. Daher kann der Ueberwinder nicht auf Erstattung

der

der Kriegskosten antragen; weil er den Krieg seines Gegners alsdann für ungerecht ausgeben müßte: sondern, ob er sich gleich dieses Argument denken mag, so darf er es doch nicht anführen, weil er ihn sonst für einen Bestrafungskrieg erklären, und so wiederum eine Beleidigung ausüben würde. Hiezu gehört auch die (auf keinen Loskauf zu stellende) Auswechselung der Gefangenen, ohne auf Gleichheit der Zahl zu sehen.

Der überwundene Staat, oder dessen Unterthanen, verlieren durch die Eroberung des Landes nicht ihre staatsbürgerliche Freyheit, so, daß jene zur Colonie, diese zu Leibeigenen abgewürdigt würden; denn sonst wäre es ein Strafkrieg gewesen, der an sich selbst widersprechend ist. — Eine Colonie oder Provinz ist ein Volk, das zwar seine eigene Verfassung, Gesetzgebung, Boden, hat, auf welchem die zu einem anderen Staat gehörige nur Fremdlinge sind, der dennoch über jenes die oberste ausübende Gewalt hat. Der letztere heißt der Mutterstaat. Der Tochterstaat wird von jenem beherrscht, aber doch von sich selbst (durch sein eigenes Parlament, allenfalls unter dem Vorsitz eines Vicekönigs) regiert (ciuitas hybrida). Dergleichen war Athen in Beziehung auf verschiedene Inseln, und ist jetzt Großbritannien in Ansehung Irlands.

Noch weniger kann Leibeigenschaft und ihre Rechtmäßigkeit von der Ueberwältigung eines Volks durch Krieg abgeleitet werden, weil man hiezu einen Strafkrieg an=

annehmen müßte. Am allerwenigsten eine erbliche Leibeigenschaft, die überhaupt absurd ist, weil die Schuld aus Jemandes Verbrechen nicht anerben kann.

Daß mit dem Friedensschlusse auch die **Amnestie** verbunden sey, liegt schon im Begriffe desselben.

§. 59.

Das **Recht des Friedens** ist 1) das im Frieden zu seyn, wenn in der Nachbarschaft Krieg ist, oder das der **Neutralität**; 2) sich die Fortdauer des geschlossenen Friedens zusichern zu lassen, d.i. das der **Guarantie**; 3) zu wechselseitiger **Verbindung** (Bundesgenossenschaft) mehrerer Staaten, sich gegen alle äußere oder innere etwanige Angriffe gemeinschaftlich zu vertheidigen; nicht einen Bund zum Angreifen und innerer Vergrößerung.

§. 60.

Das Recht eines Staats gegen einen **ungerechten Feind** hat keine Grenzen (wohl zwar der Qualität, aber nicht der Quantität, d.i. dem Grade nach): d.i. der beeinträchtigte Staat darf sich zwar nicht **aller** Mittel, aber doch der an sich zulässigen in dem Maaße bedienen, um das Seine zu behaupten, als er dazu Kräfte hat. — Was ist aber nun nach Begriffen des Völkerrechts, in welchem, wie überhaupt im Naturzustande, ein jeder Staat in seiner eigenen Sache Richter ist, ein **ungerechter Feind**?

Feind? Es ist derjenige, dessen öffentlich (es sey wörtlich oder thätlich) geäußerter Wille eine Maxime verräth, nach welcher, wenn sie zur allgemeinen Regel gemacht würde, kein Friedenszustand unter Völkern möglich, sondern der Naturzustand verewigt werden müßte. Dergleichen ist die Verletzung öffentlicher Verträge, von welcher man voraussetzen kann, daß sie die Sache aller Völker betrifft, deren Freyheit dadurch bedroht wird, und die dadurch aufgefordert werden, sich gegen einen solchen Unfug zu vereinigen und ihm die Macht dazu zu nehmen; — aber doch auch nicht, um sich in sein Land zu theilen, einen Staat gleichsam auf der Erde verschwinden zu machen; denn das wäre Ungerechtigkeit gegen das Volk, welches sein ursprüngliches Recht, sich in ein gemeines Wesen zu verbinden, nicht verlieren kann, sondern es eine neue Verfassung annehmen zu lassen, die, ihrer Natur nach, der Neigung zum Kriege ungünstig ist.

Uebrigens ist der Ausdruck, eines ungerechten Feindes im Naturzustande, pleonastisch; denn der Naturzustand ist selbst ein Zustand der Ungerechtigkeit. Ein gerechter Feind würde der seyn, welchem meinerseits zu widerstehen ich unrecht thun würde; dieser würde aber alsdann auch nicht mein Feind seyn.

§. 61.

Da der Naturzustand der Völker, eben so wohl als einzelner Menschen, ein Zustand ist, aus dem man herausgehen soll, um in einen gesetzlichen zu treten: so ist vor dieser Ereigniß, alles Recht der Völker und alles durch den Krieg erwerbliche oder erhaltbare äußere Mein und Dein der Staaten, bloß provisorisch, und kann nur in einem allgemeinen Staatenverein (analogisch mit dem, wodurch ein Volk Staat wird) peremtorisch geltend und ein wahrer Friedenszustand werden. Weil aber, bey gar zu großer Ausdehnung eines solchen Völkerstaats über weite Landstriche, die Regierung desselben, mithin auch die Beschützung eines jeden Gliedes endlich unmöglich werden muß; eine Menge solcher Corporationen aber wiederum einen Kriegszustand herbeyführt: so ist der ewige Friede (das letzte Ziel des ganzen Völkerrechts) freylich eine unausführbare Idee. Die politischen Grundsätze aber, die darauf abzwecken, nämlich solche Verbindungen der Staaten einzugehen, als zur continuirlichen Annäherung zu demselben dienen, sind es nicht, sondern, so wie diese eine auf der Pflicht, mithin auch auf dem Rechte der Menschen und Staaten gegründete Aufgabe ist, allerdings ausführbar.

Man kann einen solchen Verein einiger Staaten, um den Frieden zu erhalten, den permanenten Staatencongreß nennen, zu welchem sich zu gesellen, jedem benachbarten unbenommen bleibt; dergleichen (wenigstens was die Förmlichkeiten des Völkerrechts, in Absicht auf die Erhaltung des Friedens, betrifft) in der ersten Hälfte dieses Jahrhunderts in der Versammlung der Generalstaaten im Haag statt fand; wo die Minister der meisten Europäischen Höfe, und selbst der kleinsten Republiken,

ken, ihre Beschwerden über die Befehdungen, die einem von dem anderen widerfahren waren, anbrachten, und so sich ganz Europa als einen einzigen föderirten Staat dachten, den sie in jener ihren öffentlichen Streitigkeiten gleichsam als Schiedsrichter annahmen, statt dessen späterhin das Völkerrecht bloß in Büchern übrig geblieben; aus Cabinetten aber verschwunden, oder, nach schon verübter Gewalt, in Form der Deductionen, der Dunkelheit der Archive anvertrauet worden ist.

Unter einem Congreß wird hier aber nur eine willkührliche, zu aller Zeit ablösliche Zusammentretung verschiedener Staaten, nicht eine solche Verbindung, welche (so wie die der americanischen Staaten) auf einer Staatsverfassung gegründet, und daher unauflöslich ist, verstanden; — durch welchen allein die Idee eines zu errichtenden öffentlichen Rechts der Völker, ihre Streitigkeiten auf civile Art, gleichsam durch einen Prozeß, nicht auf barbarische (nach Art der Wilden) nämlich durch Krieg zu entscheiden, realisirt werden kann.

Des öffentlichen Rechts Dritter Abschnitt.

Das Weltbürgerrecht.

§. 62.

Diese Vernunftidee einer friedlichen, wenn gleich noch nicht freundschaftlichen, durchgängigen Gemeinschaft aller Völker auf Erden, die unter einander in wirksame Verhältnisse kommen können, ist nicht etwa philantropisch (ethisch), sondern ein rechtliches Princip. Die Natur hat sie alle zusammen (vermöge der Kugelgestalt ihres Aufenthalts, als globus terraqueus) in bestimmte Grenzen eingeschlossen, und, da der Besitz des Bodens, worauf der Erdbewohner leben kann, immer nur als Besitz von einem Theil eines bestimmten Ganzen, folglich als ein solcher, auf den jeder derselben ursprünglich ein Recht hat, gedacht werden kann: so stehen alle Völker ursprünglich in einer Gemeinschaft des Bodens,

dens, nicht aber der rechtlichen Gemeinschaft des Besitzes (comm.unio) und hiemit des Gebrauchs, oder des Eigenthums an denselben, sondern der physischen möglichen Wechselwirkung (commercium), d. i. in einem durchgängigen Verhältnisse, eines zu allen Anderen, sich zum Verkehr unter einander anzubieten, und haben ein Recht, den Versuch mit demselben zu machen, ohne daß der Auswärtige ihm darum als einen Feind zu begegnen berechtigt wäre. — Dieses Recht, so fern es auf die mögliche Vereinigung aller Völker, in Absicht auf gewisse allgemeine Gesetze ihres möglichen Verkehrs, geht, kann das weltbürgerliche (ius cosmopoliticum) genannt werden.

Meere können Völker aus aller Gemeinschaft mit einander zu setzen scheinen; und dennoch sind sie, vermittelst der Schiffahrt, gerade die glücklichsten Naturanlagen zu ihrem Verkehr, welches, je mehr es einander nahe Küsten giebt (wie die des mittelländischen) nur desto lebhafter seyn kann, deren Besuchung gleichwohl, noch mehr aber die Niederlassung auf denselben, um sie mit dem Mutterlande zu verknüpfen, zugleich die Veranlassung dazu giebt, daß Uebel und Gewaltthätigkeit an einem Orte unseres Globs, an allen gefühlt wird. Dieser mögliche Mißbrauch kann aber das Recht des Erdbürgers nicht aufheben, die Gemeinschaft mit allen zu versuchen, und zu diesen Zweck alle Gegenden der Erde zu besuchen, wenn es gleich nicht ein Recht der Ansiedelung auf dem Boden eines anderen Volks
(ius

(ius incolatus) ist, als zu welchem ein besonderer Vertrag erfordert wird.

Es frägt sich aber: ob ein Volk in neuentdeckten Ländern eine Anwohnung (accolatus) und Besitznehmung in der Nachbarschaft eines Volks, das in einem solchen Landstriche schon Platz genommen hat, auch ohne seine Einwilligung unternehmen dürfe? —

Wenn Anbauung in solcher Entlegenheit vom Sitz des ersteren geschieht, daß keines derselben im Gebrauch seines Bodens dem Anderen Eintrag thut, so ist das Recht dazu nicht zu bezweifeln; wenn es aber Hirten- oder Jagdvölker sind (wie die Hottentotten, Tungusen und die meisten Americanischen Nationen), deren Unterhalt von großen öden Landstrecken abhängt, so würde dies nicht mit Gewalt, sondern nur durch Vertrag, und selbst dieser nicht mit Benutzung der Unwissenheit jener Einwohner in Ansehung der Abtretung solcher Ländereyen, geschehen können; obzwar die Rechtfertigungsgründe scheinbar genug sind, daß eine solche Gewaltthätigkeit zum Weltbesten gereiche; theils durch Cultur roher Völker (wie der Vorwand, durch den selbst Büsching die blutige Einführung der christlichen Religion in Deutschland entschuldigen will), theils zur Reinigung seines eigenen Landes von verderbten Menschen und gehoffter Besserung derselben, oder ihrer Nachkommenschaft, in einem anderen Welttheile (wie in Neuholland); denn alle diese vermeintlich gute Absichten können doch den

Fle=

Flecken der Ungerechtigkeit in den dazu gebrauchten Mitteln nicht abwaschen. — Wendet man hiegegen ein: daß, bey solcher Bedenklichkeit, mit der Gewalt den Anfang zu Gründung eines gesetzlichen Zustandes zu machen, vielleicht die ganze Erde noch in gesetzlosem Zustande seyn würde: so kann das eben so wenig jene Rechtsbedingung aufheben, als der Vorwand der Staatsrevolutionisten, daß es auch, wenn Verfassungen verunartet sind, dem Volke zustehe, sie mit Gewalt umzuformen, und überhaupt einmal für allemal ungerecht zu seyn, um nachher die Gerechtigkeit desto sicherer zu gründen und aufblühen zu machen.

Beschluß.

Wenn jemand nicht beweisen kann, daß ein Ding ist, so mag er versuchen zu beweisen, daß es nicht ist. Will es ihm mit keinem von beyden gelingen (ein Fall, der oft eintritt); so kann er noch fragen: ob es ihn interessire, das Eine oder das Andere (durch eine Hypothese) anzunehmen, und dies zwar entweder in theoretischer, oder in practischer Rücksicht, d. i. entweder um sich bloß ein gewisses Phänomen (wie z. B. für den Astronom, das des Rückganges und Stillstandes der Planeten zu erklären, oder um einen gewissen Zweck zu erreichen, der nun wiederum entweder pragmatisch (bloßer Kunstzweck) oder moralisch, d. i. ein solcher Zweck seyn kann, den sich zu setzen die Maxime selbst Pflicht ist. — Es versteht sich von selbst: daß nicht das Annehmen (suppositio) der Ausführbarkeit jenes Zwecks, welches ein bloß theoretisches und dazu noch problematisches Urtheil ist, hier zur Pflicht gemacht werde; denn dazu (etwas zu glauben) giebts keine Verbindlichkeit, sondern das Handeln nach der Idee jenes Zwecks, wenn auch nicht die mindeste theoretische Wahrscheinlichkeit da ist, daß er ausgeführt,

führt werden könne, dennoch aber seine Unmöglichkeit gleichfalls nicht demonstrirt werden kann, das ist es, wozu uns eine Pflicht obliegt.

Nun spricht die moralisch-practische Vernunft in uns ihr unwiderstehliches Veto aus: Es soll kein Krieg seyn; weder der, welcher zwischen Mir und Dir im Naturzustande, noch zwischen uns als Staaten, die, obzwar innerlich im gesetzlichen, doch äußerlich (im Verhältniß gegen einander) im gesetzlosen Zustande sind; — denn das ist nicht die Art, wie jedermann sein Recht suchen soll. Also ist nicht mehr die Frage: ob der ewige Friede ein Ding oder Unding sey, und ob wir uns nicht in unserem theoretischen Urtheile betrügen, wenn wir das erstere annehmen, sondern wir müssen so handeln, als ob das Ding sey, was vielleicht nicht ist, auf Begründung desselben, und diejenige Constitution, die uns dazu die tauglichste scheint (vielleicht den Republicanism aller Staaten sammt und sonders) hinwirken, um ihn herbey zu führen, und dem heillosen Kriegführen, worauf, als den Hauptzweck, bisher alle Staaten, ohne Ausnahme, ihre innere Anstalten gerichtet haben, ein Ende zu machen. Und, wenn das letztere, was die Vollendung dieser Absicht betrift, auch immer ein frommer Wunsch bliebe, so betrügen wir uns doch gewiß nicht mit der Annahme der Maxime dahin unabläſſig zu wirken; denn diese ist Pflicht; das moralische Geſetz aber in uns selbst für betrüglich anzunehmen, würde den Abscheu erregenden Wunsch hervorbringen, lieber aller Vernunft

nunft zu entbehren, und sich, seinen Grundsätzen nach, mit den übrigen Thierclassen in einen gleichen Mechanism der Natur geworfen anzusehen.

Man kann sagen, daß diese allgemeine und fortdauernde Friedensstiftung nicht bloß einen Theil, sondern den ganzen Endzweck der Rechtslehre innerhalb den Grenzen der bloßen Vernunft ausmache; denn der Friedenszustand ist allein der unter Gesetzen gesicherte Zustand des Mein und Dein in einer Menge einander benachbarter Menschen, mithin die in einer Verfassung zusammen sind, deren Regel aber nicht von der Erfahrung derjenigen, die sich bisher am besten dabey befunden haben, als einer Norm für Andere, sondern die durch die Vernunft a priori von dem Ideal einer rechtlichen Verbindung der Menschen unter öffentlichen Gesetzen überhaupt hergenommen werden muß, weil alle Beyspiele (als die nur erläutern, aber nichts beweisen können) trüglich sind, und so allerdings einer Metaphysik bedürfen, deren Nothwendigkeit diejenigen, die dieser spotten, doch unvorsichtiger Weise selbst zugestehen, wenn sie z. B., wie sie es oft thun, sagen: »die beste Verfassung ist die, wo nicht die Menschen, sondern die Gesetze machthabend sind.« Denn was kann mehr metaphysisch sublimirt seyn, als eben diese Idee, welche gleichwohl, nach jener ihrer eigenen Behauptung, die bewährteste objective Realität hat, die sich auch in vorkommenden Fällen leicht darstellen läßt, und welche allein, wenn sie nicht revolutionsmäßig, durch einen Sprung, d. i. durch gewalt-

same

same Umstürzung einer bisher bestandenen fehlerhaften — (denn da würde sich zwischeninne ein Augenblick der Vernichtung alles rechtlichen Zustandes ereignen) sondern durch allmählige Reform nach festen Grundsätzen versucht und durchgeführt wird, in continuirlicher Annäherung zum höchsten politischen Gut, zum ewigen Frieden hinleiten kann.

www.ingramcontent.com/pod-product-compliance
Lightning Source LLC
Chambersburg PA
CBHW032121230426
43672CB00009B/1821